守望者
The Catcher

阅读　你的生活

春秋后期霸权兴衰大起底

大起底

B.C. 770
B.C. 476

黄朴民 著

中国人民大学出版社

·北京·

目　　录

绪言　春秋历史的三大特征

　　这是一段大变革的岁月，也是一个刀光剑影、喋血沙场的舞台，更是一个日新月异、追求新生的时代。它是一个最坏的时代，也是一个最好的时代。它在中国漫长而凝重的历史长链之中，被命名为"春秋"。

　　春秋时期，作为中国历史上一个特定的发展阶段，得名于鲁国史书《春秋》这一书名。这部史籍，记载了自鲁隐公元年（前722年）至鲁哀公十六年（前479年）共计240余年的列国史事。相传孔夫子曾对《春秋》进行过整理和删订。缘此之故，这部被宋代大政治家、大文学家王安石称为"断烂朝报"的典籍，名声大振，身价百倍，得以列为"五经"之一。但是，后人所说的"春秋"时代概念和《春秋》这部史籍的起讫年代，其实并不相一致，它的上限，通常被确定在公元前770年。就在这一年，定都于镐京（今陕西西安一带）的周王室，在经历持续不断的内乱和血雨腥风的外患双重浩劫之后，不得不放弃一片狼藉、满目疮痍的镐京，风尘仆仆，仓皇匆促，在晋、郑、秦等诸侯的护卫之下，辗转向东迁徙，定都于洛邑（今河南洛阳），史称"东周"。后来的人们，一般以这一年为春秋时期的肇始。至于春秋时期的下限（也即战国的上限），古往今来人们的看法可谓是众说纷纭，莫衷一是，有以重大历史事件为标志而作划分的，譬如，以公元前453年韩、赵、魏"三家分晋"为春秋终结的绝对年代；也有以《春秋经》记载所止的鲁哀公十四年（前481年）为春秋截止的具体标志，凡此种种，不一而足。我们比较倾向于采纳自《史记》问世以来较为通行的观点，即以公元前476年为春秋与战国两个历史阶段的分界线。按照这一划分，春秋时期历时近300年。

毫无疑义，春秋是中国历史上社会经济、政治、军事、文化各个方面都发生重大变化的转折时期。具体说来，它鲜明地体现出三个基本特点：

第一是它的动态性。古代希腊杰出哲学家、爱非斯学派的创始人赫拉克利特曾有言："人不能两次踏进同一条河流。"这意思是说，一切皆流，一切皆变，历史是无法静止的，也是无法重复的。社会在动态发展中不断前进，这是历史演进的根本属性，古今中外，概莫能外。然而，在某些特定的历史阶段里，这种动态变革的规模、范围、力度以及影响往往会有特别强烈的表现，而春秋正属于这样的特殊时期。在它并不太长的近300年历史中，其社会政治生活的主流，用汉代伟大史学家司马迁在《史记·周本纪》中的话说，就是"周室衰微，诸侯强并弱，齐、楚、秦、晋始大，政由方伯"，具体表现为：王室衰微，霸权迭兴，列国纷争，夷夏冲突，公室没落，大夫擅权、陪臣执国命等政治格局此消彼长，接踵而至，风云变幻，气象万千，令人目不暇接，匪夷所思。田制改革、赋税嬗变、军队扩增、国野混一、天子失官、礼崩乐坏、学术下移、私学勃兴、兵不厌诈、唯力是尚等诸多经济、文化、军事新现象粉墨登场，异彩纷呈，各擅胜场，白云苍狗，令人瞠目结舌，不胜唏嘘！

第二是它的过渡性。今天再回溯和梳理春秋的全部历史过程，我们可以清楚地看到，它很显然是中国由古典宗法社会逐渐递嬗为帝国专制社会、由贵族有限分权体制逐渐转型为君主高度集权体制的重要过渡阶段。用比较形象的文字来描述，就是它的一条腿已经悄悄地踏进了新世纪的门槛，可是，它的另一条腿却还踌躇不决地停留在旧世界的边缘。换句话说，即春秋前中期的历史场景，更多地体现了西周时期的时代特征、文化精神，而在春秋晚期的地平线上，则业已隐隐约约出现了显示战国社会基本特色的晨曦霞光。顾亭林《日知录》卷十三"周末风俗"条有云："春秋时，犹尊礼重信，而七国则绝不言礼与信矣。春秋时，犹宗周王，而七国则绝不言王矣。春秋时，犹严祭祀、重聘享，而七国则无其事矣。春秋时，犹论宗姓氏族，而七国则无一言及矣。……不待始皇之并天下，而文武之道尽矣！"它最终演变为刘向在其《战国策书录》中所描述的那种悲惨景象："泯然道德绝矣……贪饕无耻，竞进无厌，国异政教，各自制断。上无天子，下无方伯。力功争强，胜者为右。兵革不休，诈伪并起。"然而，这种局面的形成，并不是突如其来、一蹴而就的，乃由来已久，有一个过渡的阶段，即所谓"冰冻三尺，非一日之寒"。而这个过渡，就是这春秋将近三百年的历史嬗递。总而言之，在整个春秋时期，新与旧，生与死，传统与变革，积淀和创新，纠结在一起，融化为一体，既唱着旧时光的挽歌，又吹响新天地的号角。一方面是传承，另一方面是发展，既是"革"，又是"鼎"，也即所谓"周虽旧邦，其命维新"，就是对春秋时期这种过渡性特征恰如其分的形容！

第三是它的多样性。春秋时期历史发展的大趋势毫无疑义，用简单明了的话来概括，就是建立在西周宗法制度基础上的礼乐文明的逐渐衰微和崭新的高度中央专制集权因素的不断增长。但是，"内中国而外诸夏，内诸夏而外夷狄"，在具体的诸侯国之间，在中原核心区域和周边"蛮荒"地区等不同地域之间，在华夏诸侯国同楚国、吴国、越国这些国家之间，其发展观念、文化观念、价值取向、道德伦理是很不一样的，甚至可以说是判若云泥，南辕北辙，其文明的成熟形态和发展程度是多元的、不平衡的，地区间的差异可以说是非常的明显。如就政治层面而言，孔子所说的"天下无道，则礼乐征伐自诸侯出""自大夫出"（《论语·季氏》）这样的政治格局，在晋、齐、鲁、郑等中原核心地区的诸国那里，当然是成立的，是较为普遍的政治生活现象，晋国异姓卿大夫秉政，齐国前期国、高二卿擅权，后期田氏主政，鲁国季孙氏、叔孙氏、孟孙氏等"三桓"当道，皆是明显的例子。但是，在楚、吴、越等后起的中原边缘诸国那里，君主独尊，专制集权自始至终是其政治的主旋律，"自大夫出"的现象似乎从来不曾发生过。那里的君主"惟辟作福，惟辟作威"，对大臣拥有绝对的生杀予夺的大权，动辄杀大夫，诛重臣，像宰鸡杀狗一样稀松平常，楚成王逼迫子玉自我了断，楚共王迫使子反自杀，楚平王残杀伍奢父子，吴王夫差诛灭伍子胥，越王勾践残害大夫文种，等等，就是具体的例子。显而易见，这种国别间、地区间的差异，使得春秋这段历史显得很复杂，但同时也使得春秋时期的文化呈现出特别丰富多彩的面貌。

最后，需要指出的是，一部近300年的春秋史，大致可以划分为前、中、后三个阶段。自周平王东迁，至齐桓公称霸之前夜，为春秋前期，标志性事件就是郑庄公初霸，齐僖、鲁庄"小霸"

（《国语·郑语》："齐庄、僖于是乎小伯"），这是西周礼乐文明向春秋争霸主旋律奏响的过渡阶段，即"礼乐征伐自天子出"转变为"礼乐征伐自诸侯出"的过渡。换言之，即周王室与诸侯国之间的关系逐渐得以调整，诸侯争霸大业缓缓地拉开帷幕。

自公元前686年齐桓公登台，至公元前546年宋国大夫向戌弭兵，这为春秋中期，也是春秋的主体，传统意义上的"春秋五霸"（齐桓公、宋襄公、秦穆公、晋文公、楚庄王），皆于这个阶段先后登场、引领风骚。其战略格局演变的主线，为晋、楚近百年之久的霸权角逐。即晋、楚作为当时天下的两大强国，陷入"修昔底德陷阱"，反复较量、生死角逐，争夺天下霸权。"礼乐征伐自诸侯出"，成为该时期最为鲜明的时代特征。

自向戌弭兵至越国灭吴，横行淮泗，"号称霸王"，可视为春秋后期，该阶段的中心命题，乃晋、楚争霸阴影笼罩之下的吴楚战争、吴越厮杀的先后亮相、轮番上演。它是晋、楚两大势力战略角逐的延伸，也是春秋"大国争霸"的回波余澜，更是由春秋向战国兼并过渡的肇始，"礼崩乐坏"完全成了现实，历史呈示了新的面貌，在某些诸侯国，"礼乐征伐自诸侯出"，再改而由"自大夫出"（例如晋国、齐国），有的诸侯国更出现了"陪臣执国命"的特殊反常现象（例如鲁国的季氏家臣阳虎专擅朝政）。

长期以来，人们多将关注的重点放在春秋中期，而对春秋前、后两个阶段的考察相对薄弱，这显然是一个相当不小的遗憾。就以春秋后期的战争进程与霸权转移的状况来看，可谓是好戏连台，异彩纷呈。例如吴楚战争，吴越战争，就是中国古代战争史上的精彩篇章，更是改变春秋战国基本面貌的最大推手。我们从中入手，系统梳理其脉络，认真回溯其源头，充分展示其表现，准确归纳其特征，全面总结其影响，毫无疑义，可以帮助我们更好地把握春秋时期历史之律动，尽识春秋时期历史之风流！

第一章　春秋列国的兵要地理及其战略态势鸟瞰

一、群峰并峙：春秋时期的四大强国

春秋初期见于《左传》《国语》等史籍记载的大大小小诸侯国大约有140个，其中绝大多数面积狭小、人口稀少，而且往往有被称为夷狄的少数部族错杂散居于其间。所谓"昔天子之地一圻，列国一同，自是以衰"（《左传·襄公二十五年》），就真实地反映了这一客观现实。在长期的兼并争霸战争中，它们先后为大中型国家所吞灭。终春秋之世，真正具有经济、政治、军事、文化实力和影响的大中型国家，不过十多个而已。它们分别是周、晋、楚、齐、秦、鲁、宋、郑、吴、越、燕、曹、卫、陈、蔡、许、莒、郯等。

这些国家中间，称得上真正头等大国的共有四个，它们是晋、楚、秦、齐。

1.无可怀疑的"龙头老大"：晋国

晋国为武王子唐叔虞始封之国，其根据地在今山西省南部一带。春秋之初，晋国并非头等大国，郭偃云："今晋国之方，偏侯也。其土又小，大国（指齐、秦等国）在侧，虽欲纵惑，未获专也"（《周语·晋语一》），就是明证。然而，由于"晋文侯于是乎定天子"（《国语·郑语》），在平王东迁洛邑的过程中发挥了保驾护航的作用，贡献良多，因此，晋国自春秋初年起便拥有了政治上的主动。至曲沃武公以"小宗"翦灭翼地的"大宗"，代晋自立，统一晋国，晋国便进入了新的发展阶段。

历春秋之世，晋国先后灭掉周围诸多蕞尔小国，如唐、韩、耿、霍、魏、西虢、虞、邢、滑、沈、姒、蓐、黄、赵、雍、翼等，又从周王室手中取得温、原、攒茅、焦、杨等要邑，并征服诸多戎狄部落，国势迅速增强。到春秋中叶以后，晋国已据有今山西省的大部分、河北省的西南部、河南省的西北端、陕西省的东端，兼及山东省的西端，纵横跨五省，成为北部中原首屈一指的大国。这中间固有政治清明、外交成功、军力强大的因素在起作用，但也与兵要地理环境优越直接有关。从军事战略地理形势看，晋国东有太行之险，南有王屋、崤函之固，西部跨越黄河而可依黄河、洛水为守，尽占中原北部河山之形胜。进可以攻，退可以守。故清代学者顾祖禹云："周之衰也，晋得南阳而霸业以成"（《读史方舆纪要》卷四九）。

从当时的政治格局看，晋国应该是中原文化的核心，古书记载"周卑，晋继之"（《国语·晋语八》），意谓周王室衰弱以后，晋国作为周王室的继承者崛起了。它是所谓中原地区的"核心价值观"和"普适价值"的直接体现者和拥有权力的诠释者，当时所谓的普适价值就是周礼的传统。晋国自居天下无可争辩的"老大"地位，作为最强大的头等大国，对那些不遵循周礼传统的诸侯以及"化外"的蛮夷之邦，它动辄纠集其仆从国，凭借强大的武力进行征服，并在这个过程中，它习惯于打出冠冕堂皇的"尊王攘夷"的旗帜，为自己的暴力手段寻找借口，提供依据，自以为是当时整个"国际秩序"的标准制定者与执法主宰者。换言之，在春秋的大部分时间里，晋国就是天下的领袖，是凝聚与团结中原众诸侯国的一面大旗！

2. 不甘人后的"另类"大国：楚国

楚国的始封君为熊绎，相传是周成王时受封，都丹阳（今湖北秭归一带）。春秋初年，楚国和晋国一样，其国土面积和实力均尚有限，所谓"若敖、蚡冒至于武、文，土不过同"（《左传·昭公二十三年》）。与中原地区的不少诸侯国相比，它开发比较晚，刚刚开始之时经济上也相对比较落后，"筚路蓝缕，以启山林"。但是，楚国的兵要地理环境也相对比较优越，加上其泰然自若以蛮夷之国自居，不受西周以来礼乐文明传统的束缚，始终以兼并小国、争霸中原为其立国发展的基本宗旨，"楚蚡冒于是乎始启濮"（《国语·郑语》），"汉阳诸姬，楚实尽之"（《左传·僖公二十八年》），故一直行进在迅猛突进的"快车道"上。

在春秋的大部分时间内，楚国一直建都于郢（今湖北江陵），此地居南北中枢，北据汉、沔，接襄汉之上游，襟带江湖，东连吴会，西通巴蜀，远接陕秦。且内阻山险，易守难攻。故顾祖禹引胡安国语："荆渚，江右上流也。故楚子自秭归徙都，日以富强。近并毂郑，次及汉东，下收江黄，横行淮泗，遂兼吴、越，传六七百年而后止。此虽人谋，亦地势使然也"（《读史方舆纪要》卷七八）。由此可见，楚国就是凭借着这一优越有利的兵要地理条件，致力于对外扩张，兼并小国，兵进中原，与晋国为首的中原列国同盟互轧苗头、一争高低。在300余年中，它先后翦灭权、鄀、郧、绞、蓼、息、邓、申、吕、黄、江、巢、沈、舒蓼、舒庸、舒鸠、唐、微、濮、许、杞、随等六十余个小国，使自己的疆域扩大到今湖北省的大部，河南省的南部，江西、安徽的部分地区，以及江苏的西端，陕西的南端，横跨七八个省，一跃而成为春秋面积第一的大国。

楚国处于中原"礼乐"文明与文化圈的边陲，有自己独特而悠久的历史文明与深厚的传统文化积淀，从政治上讲，楚国在当时的诸侯列强中属于异类，它是旧的国际秩序的挑战者，地大物博，后来崛起。但是，当时的中原诸侯国始终把楚国看成是南蛮、蛮夷。整个春秋时期，最正确同时也是最时髦的政治口号是"尊王攘夷"，所谓"尊王"，就是尊奉周天子，所谓"攘夷"，主要就是不遗余力地打压楚国，换句话说，当时诸侯列强念兹在兹的夙愿，就是处处限制楚国的发展与壮大。《公羊传·僖公四年》说，"南夷与北狄交，中国不绝若线"。这里的"中国"，是指中原的核心地带，他们感觉自己所秉奉的"礼乐"文明受到来自楚国这样的"蛮夷"的挑战，已经是摇摇欲坠了，危机感很强，这些守旧的诸侯无法认同楚国的独特文明与文化，更不能接受楚国所选择的特殊发展模式，而总是以"非我族类，其心必异"这种狭隘与阴暗的心态对待楚国的文化与文明，于是乎，为了抑制楚国的壮大和发展，它们总是千方百计勾结在一起来和楚国作对，处心积虑给楚国的发展下绊子，设障碍。

但是，楚国毕竟是新兴大国，自身拥有强大的国力，其发展势头如日中天、不可逆转，其他国家虽然在内心深处嫉妒它、仇视它，但是，面子上还不敢和它翻脸，甚至不得不在许多场合下与楚国虚与委蛇，把酒言欢。楚国也因此而成为晋国霸主地位的唯一挑战者。而楚国也经常采取一些重大的举措来炫耀自身的强势。比如，耀武扬威，陈兵周疆，问鼎之大小轻重，这就是告诉周王，楚国拥有足够强大的实力取而代之。因而，楚国和晋国就不断地在谈判或打仗，深深地陷入了春秋式的"修昔底德陷阱"。我们甚至可以说，从本质上讲，一部春秋的历史，其主体的部分，就是一部晋、楚争霸的历史。毫无疑问，在春秋的绝大部分时间里，唯一能跟晋国拍板顶牛、敢于表明自己的立场与态度、挑战晋国霸主地位的就是楚国。

在今天看来，楚国虽然是中原列国"尊王攘夷"的主要对象，但是，楚国的文明之先进程度，却一点也不亚于以正统礼乐文明自居的中原列国。楚地工艺水平之高，毫不逊色于中原地区，所出土的漆器、编钟、兵器等器物制作之精美，效能之优秀，令人赞叹不已。目前出土的竹简帛书等典籍文献，大多数都出自楚地的范围之内，如马王堆帛书、郭店楚简、云梦秦简、上博简、清华简、张家山汉简、里耶秦简等，哪一个不是如此。传世文献的情况也是这样，譬如就文学而言，中原不过就是《诗经》，而楚国仅屈原一人，就贡献了无与伦比的《离骚》《天问》《九歌》《九章》等不朽作品。

在政治的建树方面，楚人也一样卓越而杰出，例如，楚庄王的识见、格局、功业，较之于齐桓公、晋文公，就毫不逊色，甚至可以说是有过之而无不及。而楚庄王最让人肃然起敬的，倒还不是他的功业显赫，而是他面对煌煌霸业时所反映出来的谦和心态和节制立场。作为成就一代大业的君主，最容易滋生的毛病是忘乎所以，骄傲自大。历史上夫差、唐玄宗、后唐庄宗等人的沉浮就是十分典型的例子。因此，"靡不有初，鲜克有终"便成为永具警示与启迪意义的宝训。而楚庄王却很好地摆脱了这种宿命的怪圈。他在实现自己战略目标的过程中，始终坚持有理、有利、有节的基本原则，力求战争善后做到平和顺当，尽可能消除各种矛盾与隐患，化解来自敌方的反抗，使自己的军事胜利建立在坚固的基础之上，争取到在政治上的最大主动。

这一重要理念，在楚庄王的具体军事行动中有着不止一次的体现。例如，在邲之战的前夕，当郑国表示屈服的时候，他主动撤围，同意了对方的请和要求；当宋国顽固抵抗最终不支、请求媾和时，能非常大度地宽恕宋国的所作所为，放其一马；当陈国灭亡后，能根据"兴灭国，继绝世"的礼乐文明精神，同意其恢复国家，再造社稷。凡此等等，不一而足。

尤其教人佩服的是，在公元前597年爆发的晋、楚邲之战中，楚国大获全胜，许多楚国将领主张将晋军尸身叠垒为京观，向晋国炫耀楚军的神勇，并报当年城濮之战惨败之仇，"臣闻克敌，必示子孙，以无忘武功"。然而，楚庄王坚决制止了这种耀武扬威、穷兵黩武的举动，并就战争提出了一番发人深省的见解：

"夫文，止戈为武……夫武，禁暴（禁止暴行）、戢兵（消弭战争）、保大（保持强大）、定功（巩固功业）、安民（安定民众）、和众（和谐内部）、丰财（增殖财富）者也。"强调战争不是目的，而只是一种为实现和平而迫不得已动用的手段。这一见识，的确是超越一般古人而长久引领历史风骚的。而晋国始终坚持与楚国为敌，一味地打压楚国，结果其实很悲惨，到头来，只能是自我削弱，自我毁灭，走上君臣倾轧、"三家分晋"的末路，这恰恰给地处西陲的秦国提供了坐收渔人之利的极佳机会。这就是兵圣孙子所说的："诸侯乘其弊而起，虽有智者，不能善其后矣！"（《孙子兵法·作战篇》）"螳螂捕蝉，黄雀在后"，"鹬蚌相争，渔翁得利"，信然！

需要附带指出的是，楚国在其发展壮大的过程中，所遇到的瓶颈，其实并不是战略地缘的问题，而是其内部的政治建设明显落后于其他重要的诸侯国，这突出表现为它的优秀人才总是因为各种各样的原因绝它而去，"虽楚有材，晋实用之"，这在楚国，乃是一个大概率的历史现象。例如，楚军在鄢陵之战中遭遇惨败，重要原因之一，乃楚国叛臣苗贲皇积极替晋厉公出谋划策，将楚军内部的虚实和盘托出，晋军得以在战场上把握主动，乘隙蹈虚，制敌死命。又如，晋景公在位时，晋国拉拢吴国，双方结为同盟，唆使吴国在楚国的侧后开辟第二战场，使得楚国陷入两线作战、腹背受敌的战略困境，顾此失彼，左支右绌，捉襟见肘，疲于奔命，这一毒辣招数的策划者和具体实施者，不是其他人，而正是楚国的叛臣申公巫臣。再如，提出"疲楚误楚，三分其师"之谋，导致楚军在日后的吴、楚柏举之战中大败亏输，进而让对手"五战入郢"、攻陷国都、几乎灭绝国祚的，就是那位大名鼎鼎的楚国逃亡者伍子胥。其他像伯嚭等人，也都是从楚国出走，跑到敌国，心甘情愿地替人卖命，而与自己的故国叫板作对的。

这种情况，延至战国末年而未改，如李斯为上蔡人，陈、蔡在春秋时为楚之附庸国，春秋战国之际被楚国所吞并，所以，李斯本人也是广义上的楚人，可是他一样替秦国统治者献计献策，为灭亡楚国立下汗马功劳。虽然说，先秦时期人才的流动比较频繁，人们的国家意识不是特别强烈，可以朝秦暮楚，随时跑到他国（也包括本国的敌国）成为高级打工仔，这种情况并非楚国所独有，但是，必须指出的是，没有哪个诸侯国像楚国这样严重与普遍。说实在的，楚国不是被敌手在战场上打败的，而是让自己的叛徒、"楚奸"们给搞残整死的！这是一个十分沉痛的历史教训！

楚国人才严重流失，原因很多很复杂，但其中一个重要因素，恐怕是与楚国历代最高统治者刻薄寡恩、残忍酷虐、不将大臣与贵族当人的做法多少有关，例如，同样是打败仗，秦、晋崤之战后，秦穆公是主动把战败的责任揽到自己的身上，孟明视、西乞术等三位统帅虽然导致秦军"匹马只轮不返"之惨败，却能够继续获得信任，依旧充当秦军的统帅。但是，反观楚国，城濮之战败北后，令尹子玉就被楚成王逼得不得不自裁了断，让晋文公听到消息后，开心满怀、欢呼雀跃，连连地说"莫予毒也、莫予毒也"，其兴奋喜悦之情可谓溢于言表。邲之战没有能打赢，楚军的主帅司马子反也没有了活命的机会，只能赔上自己的那条小命。在这样恶劣险峻的政治环境里，楚国的诸多贵族与大臣，自然会与绝情寡义的楚王离心离德，同床异梦。一旦有风吹草动，跑路潜逃，投靠他国，借他国之手，来整治修理母国，也就理有固宜、势所必然了。

3.改变争霸战略态势的"搅局者"：秦国

秦始祖非子，受封于秦（今甘肃清水东北），本是周室的附庸小国。至秦襄公时，因勤王有功，周平王赐以岐西之地，秦始得列为诸侯。此后，经历代国君的苦心经营，秦国迅速崛起于西方，成为春秋时期屈指可数的大国之一。当时秦定都于雍（今陕西凤翔），并以此为中心，向四边蚕食扩张，大约占有今陕西省中部及甘肃省东南一带，即东据黄河桃林、崤函之塞，南接秦岭，西依陇山，北抵平凉、泾川附近。为了确立自己的霸权，对中原局势产生更大的影响，秦的主要战略目标是东进，而其所处的兵要地理环境则为秦国实现夙愿提供了一定的帮助。所谓"陕西据天下之上游，制天下之命者也，是故以陕西而发难，虽微必大，虽弱必强"（《读史方舆纪要·陕西方舆纪要序》），说的就是这层意思。

然而，对秦国来说相当不利的是，当其崛起之际，适值东方近邻晋国国势强盛、号令中原之时。其东向发展势头为晋国所阻扼，虽然自崤函之战开始，秦、晋两国多年兵戎相见，进行激烈的控制与反控制的斗争，但是，秦国终因其国力不逮而基本趋于下风，没有能够从根本上扭转战略被动的局面。而其挥师南下发展，又直接同楚国发生利害冲突，也无法实现目的。在这种情况下，秦国统治者遂根据自己的兵要地理的基本条件，致力于向西经营，开拓疆域，巩固根基，平定汧渭之地，吞并召、芮、毛、毕、彭、密、彤、郇、杜、亳、梁等十余国，并进而攻灭了自己周围不少的戎狄少数部落，"益国十二，开地千里，遂霸西戎"（《史记·秦本纪》）。这就为秦国日后的进一步发展奠定了坚实的基础。

换言之，秦国在西边，综合实力不算特别强，经济也比较落后。但是，秦国的军队骁勇善战，最能打仗，被称为"虎狼之师"，军事实力特别强。而且，秦国人处理外交问题的手段也很强硬。像秦、晋王官之役中所体现的"破釜沉舟"的果决拼命，秦穆公"益国十二，开地千里，遂霸西戎"式的所向披靡，战场上"岂曰无衣，与子同袍，王于兴师，修我戈矛，与子同仇"式的壮怀激烈，使得秦国终春秋之世能够独树一帜，而在当时的天下占有不可忽视的地位，发挥着令人匪夷所思的影响力。

原来，秦国和晋国关系非常好，有所谓的"秦晋之好"，晋文公的夫人就是秦穆公的女儿。秦穆公想通过支持晋文公上台控制晋国，为他东出中原、称霸创造条件。但是，在国际关系中，没有永恒的朋友，也没有永恒的敌人，只有永恒不变的利益。晋文公站在自己国家的立场上，他也想自己争霸，就不让秦穆公出函谷关，这样，矛盾就起来了。晋文公比较老练，和秦穆公虽面和心不和，但没有撕破脸皮。可晋文公的儿子晋襄公上来以后就不一样了，崤山之战大败秦国。这在战略上是一个大错误，使得秦晋的关系发生了根本的变化，从秦晋之好到兵戎相见。晋国本来是可以搞定楚国的，但从崤函之战以后，秦国就和晋国干上了，而与楚国好上了，连续挑起彭衙之战、王官之役、令狐之战，一直到公元前578年的麻隧之战后，才有所消停，这样一来晋国制服楚国的战略愿景，就因为秦国干扰这个变量的加入，而终究幻灭了。总而言之，秦国虽然综合实力不算很强大，但是，它在晋楚争霸的天平中还是起很大作用，它倒向谁，谁就有更大的优势，可谓是"成事不足，败事有余"。从某种意义上说，在春秋几个头等大国中，秦国经常扮演的是"搅局者"的角色。

4. 热衷于"打酱油"的老牌大国：齐国

齐国为太公望（姜尚）的始封之国，都营丘（今山东临淄东北）。后又先后定都薄姑（今山东博兴东南）、临淄。自西周以来，齐国一直是雄踞东方的大国。进入春秋以后，齐国的国力有增无减。早在春秋初年，就一度形成了"庄、僖小伯"的强盛局面。至齐桓公统治期间，更是在大政治家管仲的悉心辅佐下，"尊王攘夷"，"九合诸侯"，成就一代霸业。齐桓公卒后，齐国虽丧失了霸主的地位，让晋国独领风骚，但仍不失为东方地区的头号强国。

齐国战略地理环境比较有利。它地奄今山东省的大部分地区，东面濒临大海，南以泰山山脉与鲁国为界，西及今山东与河南、河北交界之处，北倚黄河与北燕诸国相峙。地域疆土呈东西长而南北狭，广运约六七百里。从兵要地理的角度分析，齐国处于中原争战之地的边缘，既可进而西向角逐天下霸主地位，亦可退而固守山川形势，自成格局。对此古人曾有充分而精辟的论述："济清河浊，足以为限；长城巨防，足以为塞"，"齐负海岱，阻河济，南近楚，虽数十万之师，未可岁月破也"，"齐东有琅邪、即墨之饶，南有泰山之固，西有浊河之限，北有勃海之利，地方二千里，持戟百万，悬隔千里之外"（《读史方舆纪要》卷三十）。

同时，齐国执行比较正确的争霸治国的方针，发展农业，亟通工商，增强军力，并拥有相当丰富的战略资源。因此，在春秋期间它死死压住泰山以南的主要对手鲁国，吞并自己周围纪、成、谭、遂、障、阳、莱、介、牟、任、薛、郭、项、夷州等十四个小国，与晋、楚、秦合称为四大强国。但是，由于齐拥有"悬隔千里之外"的兵要地理环境，亦影响了其实施主动进攻的战略方针，而其实齐国兵要地理的重要特点之一，是"以自守则易弱以亡，以攻人则足以自强而集事"（《读史方舆纪要·山东方舆纪要序》）。这也是为春秋历史进程本身所充分证明了的，"齐桓公南征北伐，用霸诸侯；孝公以后，齐仅为自守之国。是以终春秋之世，累代听命于晋，几夷于鲁、卫"（同上）。

从当时的国际关系与政治格局来说，齐国在治国理念、价值观上，跟晋国是相当一致的，齐国和晋国关系一直比较良好，说得不好听点，在春秋大部分的时间里，它颇有点像晋国的跟班，亦步亦趋，敲打边鼓，在一般的情况下，它甚至可以说是唯晋国马首是瞻。但是，在同盟之内，"老大"与"老二"之间，各有自己的利益，有时也发生过一些矛盾，甚至兵戈相向，大打出手。

公元前597年邲之战后，齐国眼看晋国衰落了，老大当不成了，它就想乘机转换角色，上位当老大，可这无异于虎口夺食，晋国当然不干了，照样收拾齐国。鞌之战，打得齐国丢盔弃甲、满地找牙，从此老老实实、服服帖帖，晋国就趁势要求齐国答应一起对付楚国。这个，齐国是完全同意的。所以，齐国和晋国又团结起来，形成战略同盟，来对付共同的敌人——楚国。之后，齐国与晋国之间，又先后发生过齐攻打晋国的逾太行之战与晋攻打齐国的平阴之战，但是，双方都有一定的节制，没有让关系彻底破裂、局势完全失控，确保了联合对楚的战略态势得以持续下去。其中的原因之一，齐国毕竟也是受长期"周礼"传统熏陶的诸侯国，用管仲的话讲，就是"诸夏亲昵，不可弃也"（《左传·闵公二年》）。所以，一旦打完仗以后马上又与晋国等"同温层"朋友团结在一起，来对付它们共同的敌人楚国了。

二、后来居上：另类的吴、越之崛起及其意义

1.际会风云：吴国走上争霸战争的大舞台

吴国建国的历史，应该说是相当悠久的。其政治中心，当是在今江苏南部的无锡、苏州一带。关于吴国的建立和发展，据《史记·吴太伯世家》的记载，其来龙去脉大致如下：周文王的祖父古公亶父特别喜欢小孙子姬昌（即日后的周文王），将翦灭

殷商、兴盛周室的希望，寄托在姬昌的身上，所以，打算不遵循嫡长子继承制的成规，传位于少子季历而辗转及姬昌。文王的伯父泰伯、仲雍对古公亶父的意图心知肚明，心领神会，于是，正视现实，自动退避，从关中地区千里迢迢出走到今江苏南部地区，和当地的土著"荆蛮"（居于长江以南的古代越族中的一支）混居在一起，并受到"荆蛮"的拥戴，建立起一个千余家人口的"句吴"小国："太伯之奔荆蛮，自号句吴。荆蛮义之，从而归之千余家，立为吴太伯。"（《史记·吴太伯世家》）

有关泰伯奔吴与吴国立国的史实，学术界的意见是有分歧的，例如，著名的春秋史专家童书业先生认为："吴之人民为越族，故'断发文身'，无甚可疑。至其王室自称周泰伯之后，中原诸国亦承认之，则有可疑。"他的主要观点是，吴或为"蛮夷之族"，理由是成公七年（前584年），吴国征伐郯国，曾引起中原诸侯国的恐惧，鲁季文子曾就此事而大发感慨："中国不振旅，蛮夷入伐"，并哀叹"吾亡无日！"这很显然是以吴王室为"蛮夷"，而不认其为同族同姓。又一种可能是，"吴或为虞国支庶之别封，本为'汉阳诸姬'之一"，这个汉阳之"吴"，后"受楚逼而逐渐东迁"，春秋中后期通"上国"之后，乃冒"虞祖泰伯、虞仲之后，自称'姬姓'，以与诸侯结好"，换言之，吴国本"汉阳诸姬"之一国。童书业先生的结论是："然太伯、虞仲在周太王时决不可能远奔至江东，则无疑矣！"①童氏之论，亦发隐甄微，旁征博引，言之有据，可备一说，但是，我们认为，在更多的相关文献资料被发现之前，司马迁的记载当有所本，未可轻率加以否定。众所周知，历史学研究的一个基本通则就是，说有易，说无难！

不过，即便是认同司马迁的"泰伯奔吴立国"之说，我们也认为，真实的情况或许要更为复杂。著名历史学家徐中舒先生对"太伯奔吴"的真正动机曾做过合乎逻辑的推测，应该说不是没有道理的。他认为，史称泰伯、仲雍兄弟在王位继承问题上发扬风格，"以让季历"，奔赴吴地（今江苏南部），其背后的真实动因，当是将势力楔入商人的战略大后方，以实现周邦翦商的迂回包抄战略："余疑太伯、仲雍之吴，即周人经营南土之始，亦即太王翦商之开端"②。显而易见，商周之际"太伯奔吴"的真实原因，很可能是启动"实始翦商"系统工程的古公亶父处心积虑、精心策划的，是他所下的一盘大棋，成为周族灭商战略中的关键步骤之一。

---

① 童书业.春秋左传研究："吴之始强"条.上海：上海人民出版社，1980.

② 徐中舒.殷周之际史迹之检讨//"中央研究院"史语所集刊：第7本上卷；亦可参见：罗琨，张永山.夏商军事史.北京：军事科学出版社，1998：219。

还是据《史记》的记载，泰伯死后，传位于其弟仲雍。仲雍卒，其子季简立；季简死，子叔达继位；叔达死，其子周章继立。应该说，吴国自泰伯立国后，很快地融入和习用了当地的风俗："太伯端委，以治周礼；仲雍嗣之，断发文身，裸以为饰"（《左传·哀公七年》），在较长一段时间里，吴国与中原地区交往甚少。到了周章在位期间，周武王始封吴国为诸侯，并另行赐封周章之弟虞仲于周都北面的夏墟，"为北吴"，这就是后来的虞国。

吴国自西周初年被列为诸侯之后，历代君主加快了开拓疆域的步伐。据《越绝书·记吴地传》与《管子·小匡》等史籍文献的记载，吴国在西周晚期到春秋前期，先后起兵攻灭了淹、干、邗等东夷蕞尔小国，使其版图东至于海，南面以今浙江省的嘉兴、德清乃至钱塘江一线与越国为界，西南到达今新安江上游，西北与楚国的棠邑（今江苏南京六合）接壤，北部越过长江抵达淮水，距徐州与宋国、鲁国相邻。其地奄有今江苏省大部，兼及安徽省东南部、浙江省北部。但是，总的说来，自西周直至春秋前期，吴国地区东南一带，远离中原政治与文化的腹心，因此，它虽然有一定程度的发展，疆域也有所开拓，但是在众多的封建列国中，藉藉无名，并不显山露水，影响也相对有限，是一个较为低调的角色。

然而，自春秋中叶起，随着社会生产力的发展，尤其是大国争霸竞雄斗争的如火如荼、愈演愈烈，吴国在大国争霸的局势中开始崭露头角，初试锋芒，成为当时脱颖而出、迅速崛起的新兴势力。尤其是其第十九代君主寿梦登位亮相后，吴国历史的发展更是进入了日新月异的快车道。

史载寿梦开始使用"王"的称号，"寿梦立而吴始益大，称王"（《史记·吴太伯世家》）。他虚心地向周围和中原的先进国家学习礼乐文化，曾经"朝周适楚，观诸侯礼乐"，并在公元前576年与鲁成公"会于钟离"（今安徽凤阳东北），详尽询问"礼乐"之事；同时改良政治，发展经济，繁荣文化，扩大对外交往，加强军队建设，使吴国迅速崛起为一个新兴强大的国家。从有关史料所透露的信息来看，寿梦统治时期吴国的军事实力已经相当可观，它偶尔露峥嵘，就能让人们深感威胁，滋生恐惧。如公元前584年，吴国曾经出动大军攻伐挨着鲁国的郯国，迫使郯国低头屈服，与吴国签订城下之盟。这个军事动作规模不算太大，但是挺有冲击力，它给原先高枕无忧的中原列国造成相当大的震动，像鲁国的季文子就为此而"惶惶不可终日"，感慨不已、喟然长叹："中国不振旅，蛮夷入伐，而莫之或恤。无吊者也夫……有上不吊，其谁不受乱？吾亡无日矣！"（《左传·成公七年》）由此可见，吴国当时的声威是何等之盛，它的崛起势头，看上去是没有什么力量能够阻挡的！

2.混沌已开：越国扮演新的战略角色

越国，是古代越族人所建立的一个国家。按汉代历史学家司马迁的说法，越国的始祖乃是夏禹的后代，夏禹当年治理洪水时经常去南方，后在巡狩途中，栉风沐雨，劳累过度，终于一病不起，殒命于会稽（今浙江绍兴市），遂长眠于会稽山麓（迄今绍兴有大禹陵，每年都举行隆重的祭禹大典）。夏后少康在位时，分封其庶子无余到会稽，"以奉守禹之祀"（《史记·越王勾践世家》），遂立国名为"於越"（"於越"是古越人一支部族的名称，亦称"于越"），成为所谓越国的开山之祖。越国初立之时，规模不大，经济也较落后，史载："人民山居，虽有鸟田之利，租贡才给宗庙祭祀之费，乃复随陵陆而耕种，或逐禽鹿而给食。"（《吴越春秋·越王无余外传》）

《史记》的上述记载似乎言之凿凿，但其实更近似于传说，是无法得到确证的。因此，学术界对"越为少康后裔说"多有所保留与存疑。有学者认为，越是从楚国宗族的支系分封而来的，双方有着血缘关系。例如，著名历史学家童书业先生曾根据《史记·楚世家》有关楚王熊渠立其少子为"越章王"的记载，而大胆推测越章王"大约就是越的始封"[1]。

---

[1] 童书业.春秋史.济南：山东大学出版社，1987：110.

虽然关于越国的由来及其早期情况，古今学者众说纷纭，莫衷一是，但是，有几点大概是可以比较肯定的：第一，春秋中期之前的历史文献上，对越国历史的记载基本阙如，其基本情况尚不甚明了。《左传·宣公八年》记载："盟吴、越而还"，这当是历史上越国首次见于文献的记载。而越国早期更为普遍的国名称呼"於越"，《春秋经》定公五年出现越国入吴的记载。第二，越国习行当地土著的风俗习惯，"文身断发，披草莱而邑焉"（《史记·越王勾践世家》）；"越人披发"（《韩非子·说林》），民风剽悍好斗，"吴、粤（越）之君皆好勇，故其民至今好用剑，轻死易发"（《汉书·地理志下》）。第三，近些年来考古发掘的情况表明，经过当地民众长期辛劳开发，越地得到了相当规模的发展，农业、手工业均较为发达，这就为其在春秋后期的全面崛起，奠定了重要的物质基础。

越国的际会风云，勃然崛起，是在春秋的中后期。据《国语·越语》的记载，在越王允常和勾践统治期间，越国的综合实力有了相当明显的提升，非复"吴下阿蒙"了。其疆域日益扩大，已是"南至于句无（今浙江诸暨），北至于御儿（今浙江桐乡），东至于鄞（今浙江宁波），西至于姑蔑（今浙江衢州）"，纵横数百里，成为当时南方地区仅次于楚、吴的大国。其都城绝大部分时间里是在会稽（今浙江绍兴）。灭吴后，其疆域曾一度拓展至今江苏北部、山东南部一带，作为政治中心象征的都城，亦从会稽北迁到了琅邪（今山东临沂）一带。随着其国势的欣欣向荣、蒸蒸日上，允常与勾践开始耐不住寂寞了，也想"依样画葫芦"，期盼能"百尺竿头，更进一步"，玩的是中原诸国的那个套路，循序渐进争霸中原。然而，越国的北方是比它强大得多的句吴，越国要北进中原，首先必须越过吴国这道障碍，这么做，无异于与虎谋皮，横刀夺爱，势必导致两国政治、经济、军事利益上的激烈冲突，出现"争三江五湖之利"的局面。应该说，这就是吴、越争霸兼并战争旷日持久、血流成河的内在根源。

第二章　战争的新特色与楚、吴、越成为
　　　　争霸舞台的主角

一、春秋时期战争样式的转型

西周时期所确立的古典礼乐文明，表现在军事领域，就是以一整套"军礼"来指导、制约具体的军事活动。在春秋前中期，这种军礼的外在形式与内在宗旨开始受到冲击，这一点，从子鱼、舅犯等人对"军礼"的批评言辞中就可以窥见一斑。例如，宋襄公手下的大臣子鱼，在楚、宋泓水之战后就曾经指出："三军以利用也，金鼓以声气也，利而用之，阻隘可也；声盛致志，鼓儳可也。"（《左传·僖公二十二年》）然而，从总体上考察，"军礼"的基本精神却依旧得到人们的尊重和奉行。

这里，我们可先看几组有趣的历史镜头：在前597年的晋楚邲之战进行过程中，"晋人或以广队不能进，楚人惎之脱扃，少进，马还，又惎之拔旆投衡，乃出，顾曰：吾不如大国之数奔

也"(《左传·宣公十二年》)。当两军阵上接刃交锋之际，居然教敌人如何摆脱困境遁逃，结果还招致对手的一番奚落，在今天看来，未免太不合乎情理。然而在当时，却是完全符合"军礼"的做法。

又如在公元前575年爆发的晋楚鄢陵之战中，"晋韩厥从郑伯，其御杜溷罗曰：速从之，其御屡顾，不在马，可及也。韩厥曰：不可以再辱国君。乃止。郤至从郑伯。其右茀翰胡曰：谍辂之，余从之乘，而俘以下。郤至曰：伤国君有刑。亦止"(《左传·成公十六年》)。晋军将领韩厥、郤至等人在交战中，均曾有机会擒获协同楚军作战的郑伯，然而他们却拒绝了部下的建议，停止追击，让敌手逃逸。郤至本人在战场上还曾"三遇楚子（楚共王）之卒。见楚子，必下，免胄而趋风"，向敌国的国君竭尽恭敬之礼，而楚共王也丝毫不含糊，"使工尹襄问之以弓"(《左传·成公十六年》)，回报以礼物与慰问，的确令人不可思议。其实这不过是郤至等人忠实遵循"军礼"的要求行事而已。《国语·周语中》曾经明确地道出了这一点："见其君必下而趋，礼也；能获郑伯而赦之，仁也。"

正是在这种浓厚的尊崇旧"军礼"社会氛围影响之下，以春秋中期为界，战争指导观念呈现出明显的不同。春秋中叶以前的战争，除了铁血厮杀的残酷一面外，还存在着比较多的以迫使敌方屈服为宗旨的温和一面。这与战国以后那种"争地以战，杀人盈野；争城以战，杀人盈城"（《孟子·离娄上》），动辄伊阙"斩首二十四万"、长平坑降卒四十余万的残酷惨烈现象是有所区别的。

具体地说，在当时军事威慑要多于会战①，即以军事威慑和政治外交谋略迫使对方接受自己的条件而屈服，乃当时普遍存在的战争指导原则。真正以主力进行会战以决定胜负的战争为数相对有限。所谓的"霸主"，一方面固然兼并小国，坐大自己；另一方面在同其他大、中型国家发生冲突时，则多以双方妥协或敌方屈服为结局，而彻底消灭对方武装力量、摧毁对方政权的现象则较为罕见。于是会盟、"行成"与"平"乃成为重要的军事斗争方式。

齐桓公所从事的战争，就突出反映了这一战争指导原则。他在位43年，参与战争20余次。其中除了长勺之战、乾时之战等个别战例外，都是凭借军事行动的威慑作用，来达到预期的战略目的，即所谓"九合诸侯，不以兵车"。这是齐桓公战争指导上

---

① 《孙子兵法》所云"伐交"便是典型的军事威慑之法，即通过布列阵势，显示强大实力，威慑敌人而逼迫其退缩或降服，它是三代与春秋前期通行的"观兵"威慑之法的理论总结和升华。

的一大特色，也是儒家人物异口同声称道并推崇其功业的缘由①。

在春秋战争史上，齐桓公的所作所为并非孤立的现象。《左传》中就有很多类似的例子。如《左传·隐公元年》载："惠公之季年，败宋师于黄，公立而求成焉。九月，及宋人盟于宿。"又如《左传·隐公八年》载："齐人卒平宋、卫于郑，秋，会于温，盟于瓦屋，以释东门之役，礼也。"再如《左传·桓公八年》载："秋，随及楚平。楚子将不许。斗伯比曰：天去其疾矣，随未可克也。乃盟而还。"其他像前770年，屈瑕率楚军大败绞师，结城下之盟而还。前571年，晋、卫、宋三国之师攻郑。冬，城虎牢，逼迫郑国求和。凡此等等，不胜枚举，都充分反映了当时战争以屈服敌方为宗旨的普遍性。

这种以"军礼"原则规范、指导战争活动的时代特征，究其原因，当是与当时的大中型政权都属于贵族阶级专政，且相互又有宗族、姻亲关系分不开的。《左传·闵公元年》引管仲语："诸夏亲暱，不可弃也。"即是对这种情况的揭示，而它反映在战争指导观念上，就不能不笼罩着一层温情脉脉的色彩。《公羊传》贵偏战而贱诈战，就是明显的标志："偏，一面也。结日定地，各居一面，鸣鼓而战，不相诈"（《春秋公羊传解诂》桓公十年）。

____

① 如孔子表彰齐桓公"正而不谲"，孟子推崇齐桓公，称"五霸桓公为盛"。

可见"兄弟之国""甥舅之国"名分的存在，决定了当时的战争指导讲究的是正而不诈，否则便是违背"军礼"的精神，要受到人们的谴责，"合诸侯而灭兄弟，非礼也"(《左传·僖公二十八年》)。班固《汉书·艺文志·兵书略序》说："下及汤武受命，以师克乱而济百姓，动之以仁义，行之以礼让，《司马法》是其遗事也。"正是对春秋前中期战争指导基本特征的高度概括和鲜明揭示。

从更深的层次考察，当时战争指导的"军礼"精神还具体表现为：

第一，关于战争的目的，"军礼"所主张的是征讨不义。《左传·庄公二十三年》云："征伐以讨其不然"；《国语·周语上》云："伐不祀，征不享"；《左传·成公十五年》云："凡君不道于其民，诸侯讨而执之"；《司马法·仁本》云："兴甲兵以讨不义"。讲的都是这一层意思。即只有当对方犯有"凭弱犯寡""贼贤害民""放杀其君"等九种严重罪过时，才可以兴师征讨①。

第二，军事行动"不加丧，不因凶"的限制。如果不得已而从事战争，就必须在行动中贯彻"礼""仁"的原则，"以礼为固，以仁为胜"(《司马法·仁本》)，《左传·文公十二年》亦

---

① 参见《周礼·夏官·大司马》《司马法·仁本》。

云："不待期而薄人于险，无勇也。"这都是本"仁"宗"礼"的意思。郤至之所以在鄢陵之战后自我欣赏："吾有三伐"，也在于他做到了"勇而有礼，反之以仁"这一点。正因为征伐归宗于"礼""仁"，所以"不加丧，不因凶"（《司马法·仁本》），乃成为对敌军事行动的重要原则之一。覆按史实，可谓信而有征。《左传·襄公四年》载："三月，陈成公卒，楚人将伐陈，闻丧乃止"；又《左传·襄公十九年》载："晋士匄侵齐，及穀，闻丧而还，礼也。"这个"礼"，就是"军礼"。

第三，战场交锋的正大不诈原则。当进行正式的战场交锋时，当时的军礼也有不少具体的原则，要求作战双方共同遵循。这在《左传》《司马法》《穀梁传》《公羊传》中均有反映。《司马法·仁本》云："成列而鼓，是以明其信也。"宋襄公则云："古之为军也，不以阻隘也；寡人虽亡国之余，不鼓不成列。"（《左传·僖公二十二年》）《司马法》云："不穷不能而哀怜伤病，是以明其仁也。"又云："见其老幼，奉归勿伤；虽遇壮者，不校勿敌；敌若伤之，医药归之。"《穀梁传·隐公五年》亦云："战不逐奔，诛不填服。"而这在宋襄公的口中，便是所谓"君子不重伤，不禽二毛"（《左传·僖公二十二年》）。所有这一切，不能简单地断定为是《穀梁传》《公羊传》或宋襄公本人"迂远而阔于事情"，而恰恰应该视作为其对上古军礼基本精神的申明和执着。故西汉时期成书的《淮南子·氾论训》有言："古之伐国，不杀黄口，不获二毛，于古为义，于今为笑。古之所以为荣者，今之所以为辱也。"

第四，战争善后措施上的宽容态度。"服而舍人"是"军礼"中的又一项重要原则。春秋中期以前的战争指导者，其从事战争，所追求的是战而服诸侯的旨趣与境界。这一目标既已达到，便偃兵息武，停止军事行动，给予敌方以继续生存的机会。《司马法·仁本》云："又能舍服，是以明其勇也。"《左传·僖公十五年》云："贰而执之，服而舍。德莫厚焉，刑莫威焉。"《左传·文公七年》云："叛而不讨，何以示威？服而不柔，何以示怀？"《左传·宣公十二年》云："叛而伐之，服而舍之，德、刑成矣。伐叛，刑也；柔服，德也。二者立矣。"说的都是这层意思。

在"既诛有罪"，完成了战争使命之后，进一步的行动纲领就是《司马法·仁本》所说的"王及诸侯修正其国，举贤立明，正复厥职"。参之以《左传》，信而有征。鲁昭公十三年（前529年），楚"平王即位，既封陈、蔡，而皆复之，礼也。隐大子之子庐归于蔡，礼也，悼大子吴归于陈，礼也"。孔夫子所谓"兴灭国，继绝世，举逸民，天下之民归心焉"（《论语·尧曰》）的真切含义，终于借此而得以昭白于今日了。

二、从"以礼为固"到"兵以诈立"

春秋后期，随着社会变革的日趋剧烈，社会结构被重新打造，战争也进入了崭新的阶段。当时的战争指导者，已比较彻底地抛弃了旧"军礼"的束缚，使战争艺术呈现出夺目的光彩。这集中表现为战争指导观念的根本性进步。

新型战争指导观念的形成，当然主要取决于战争方式的演变。在春秋中期以前，军事行动中投入的兵力一般不多①，范围还较为狭小，战争的胜利主要通过战车兵团的会战来取得，在很短的时间之内即可决定战争的胜负。而进入春秋后期之后，随着"作丘甲""作丘赋"等一系列改革措施的推出，"国人当兵，野人不当兵"的旧制逐渐被打破，军队人员成分发生巨大变化，实际上已开始推行普遍兵役制，而新入伍的一般民众，大多未经过贵族"武学"所教授的"六艺"（礼、乐、射、御、数、书）系统训练与养成，对反映贵族精神的"军礼"传统多不措意，颇为疏离甚至予以排斥。与此同时，战争的地域范围也明显扩大，战场中心渐渐由黄河中下游流域南移至江淮汉水甚至钱塘江流域。加上弓弩的改进，武器杀伤力的迅速提高，作战方式也发生了重

---

① 著名的城濮之战，晋国方面所动用的兵车仅七百乘而已，楚国方面稍多一些，但亦不超过千辆，于此可见春秋前期战争规模之一斑。

大的演进，这具体表现为：步战的地位日渐突出，车步协同作战增多，激烈的野战盛行，战争带有较为持久的性质，进攻方式上也比较带有运动性了，"践墨随敌，以决战事""始如处女，敌人开户，后如脱兔，敌不及拒"（《孙子兵法·九地篇》）。以齐晋平阴之战、齐越太行攻晋之役、吴军破楚入郢之战为例，其纵深突袭、迂回包抄等特点，充分体现了灵活机动、运动歼敌、连续作战的新战法，这是以往战争的规模和方式所无法比拟的。

更为重要的是，在军事领域，技术决定战术，三代乃至春秋前期，弓箭的原始性、戈斧的弱杀伤力，决定了呆板笨拙的密集大方阵作战成为主要的作战方式，"不愆于六步、七步，乃止，齐焉。君子勖哉！不愆于四伐、五伐、六伐、七伐，乃止，齐焉。君子勖哉！"（《尚书·牧誓》）同时也决定了车战成为普遍的作战样式。这样的战法以及相关的战术，这样的以密集大方阵为中心的军队编组体制，其结果反映在兵学思想领域就合乎逻辑地形成了以"逐奔不过百步，纵绥不及三舍""军旅以舒为主，虽交兵致刃，车不驰，徒不趋"为基本内涵的"古司马法"军事思想的时代特征。

一样的道理，春秋后期，随着弩机等新型兵器的出现、功能组合型兵器如戟的普遍使用，灵活机动的作战方式风行于世，于是遂有兵学思想领域的革命性变迁，以"兵以诈立"为宗旨，强

调"兵之情主速，乘人之不及，由不虞之道，攻其所不戒也"的
《孙子兵法》遂登上历史舞台的中心位置，逐渐取代倡导"以仁
为本，以礼为固"的"古司马法"，成为兵学思想的新特色。而
与上述变化相适应，春秋后期战争的残酷性也达到了新的程度。
《墨子·非攻下》云："入其国家边境，芟刈其禾稼，斩其树木，
堕其城郭，以湮其沟池，攘杀其牲牷，燔溃其祖庙，劲杀其万
民，覆其老弱，迁其重器"，即是十分形象的描述。

　　但是，春秋后期战争上最大的新特色，还在于当时战争指导
观念的重大变化。这就是"诡诈"战法原则在战争领域内的普遍
运用，过去那种"鸣鼓而战"、堂堂之阵的战法遭到全面的否定。
用班固的话说，便是"自春秋至于战国，出奇设伏，变诈之兵并
作"①。

　　当时的战争指导者普遍运用设伏诱敌、突然袭击、避实击
虚、奇正相生、攻其不备的诡诈奇谲的作战指挥艺术。在这里，
我们已很难看到过去中原争战中所经常遵循的"成列而鼓"的做
法，也不曾见到像鄢陵之战中郤至遇敌君必下，"免胄而趋风"
这类现象，更不曾听到类似于宋襄公那样的"宏论"。而所谓"自

---

　　① 《汉书·艺文志·兵书略序》。又，刘向《战国策书录》亦云："泯然
道德绝矣……贪饕无耻，竞进无厌，国异政教，各自制断。上无天子，下无方
伯。力功争强，胜者为右。兵革不休，诈伪并起。"

春秋至于战国，出奇设伏，变诈之兵并作"（《汉书·艺文志·兵书略序》），亦由此而得到历史的验证。

这种战争指导观念的变革，不仅反映在当时的战争实践上，而且也体现在这一时期的军事理念建树方面。这方面孙武、伍子胥、范蠡等人的有关战争指导的论述，可以说是主要的代表。《孙子兵法》注重于探讨作战指导，并指出，"兵者，诡道也"，强调"兵以诈立"，这是对以往战争注重申明"军礼"做法的变革。在战争目的方面，《孙子兵法》明确提出"伐大国"，战胜强敌，这是对以往"诛讨不义""会天子正刑"的否定。在战争善后上，《孙子兵法》主张拔"其城"，隳"其国"，这是与以往"又能舍服""正复厥职"的对立。在作战方式上，以往"军旅以舒为主""虽交兵致刃，徒不趋，车不驰"情况所截然不同的是，《孙子兵法》一再强调"兵之情主速，乘人之不及，由不虞之道，攻其所不戒也"。在后勤保障及执行战场纪律方面，《周礼》《司马法》等主张"入罪人之地"，"无取六畜、禾黍、器械"，而到了《孙子兵法》那里，则是宣扬"因粮于敌"，强调"食敌一钟，当吾二十钟；萁秆一石，当吾二十石"；主张"掠于饶野""掠乡分众"。凡此种种，不胜枚举，均反映了春秋后期的战争指导思想，较春秋前期有许多显著的变革、发展和差异。南宋时期的学者郑友贤有言："《司马法》以仁为本，孙武以诈立；《司马法》以义治之，孙武以利动；《司马法》以正，不获意则权，孙武以分合为变。"（《十家注孙子遗说并序》）就是对这两者之间的差异性的高度概括。

其他像伍子胥、范蠡等人的战争指导观念也和孙武基本相一致，伍子胥提出高明卓越的"疲楚误楚"策略方针，主张"亟肆以罢之，多方以误之"（《左传·昭公三十年》）就是"变诈之兵"勃兴条件下的必然产物。范蠡主张"随时以行，是谓守时"，提倡"得时无怠，时不再来"（《国语·越语下》），其后发制人、把握战机、及时出击的思想，同样属于符合历史潮流的进步战争指导观念。它们来源于春秋后期变化了的战争实践活动，能更好地指导着新形势条件下的战争，从而使春秋后期的军事活动呈现出充满生机的新面貌。

三、战略均势与"弭兵大会"的召开

公元前546年由宋国大夫向戌发起，在宋国都城商丘举行的弭兵大会，是春秋历史进程中的一个重要转折点，是春秋中后期列国争霸战争进入战略均势状态背景下的必然产物，对春秋乃至后来战国历史的发展曾产生过极其深远的影响。

在此之前，春秋诸侯中的头等列强晋、楚、齐、秦四国都竭尽所能全力向外扩张，秀肌肉、挥拳头，一门心思想通过战争这个主要手段，配合以外交周旋，角逐霸权，经营中原。但是，在弭兵大会落幕之后，这四大列强开始消停下来，转而眼光向内，实现战略重心的转移，即变侧重于"攘外"为致力于"安内"，纷纷忙于各自的国内事务，无暇外顾了。

例如，作为春秋大国争霸的最主要的两大角色，晋国与楚国，虽然仍免不了尔虞我诈，互找晦气，然而，一直到春秋末年，两国在中原并没有大动干戈，杀个血流成河，就是很好的证明。从这个意义上来讲，弭兵大会的召开并获得成功，完全可以看作是晋、楚两国中原争霸战争进入尾声的重大标志，争霸的主角该由正在崛起中的吴、越两国来担当了。

晋、楚两国参加向戌发起的弭兵大会，并达成平分霸权的协议，绝不是它们突然良心发现、金盆洗手、从此爱好和平、尊崇道义，毫无疑问，"江山易改，本性难移"，两国统治者从骨子里依旧是嗜血的，他们之所以暂时放下屠刀，倡导和平，是因为长期的竞争与角逐，无法决出最终的胜负，无休止的僵持与胶着，让双方都深陷于泥淖，力不从心，难以为继。争霸的格局进入了战略均势的复杂状态，这种以相持为特征的战略均势，决定了双方有可能坐下来平心静气谈判并达成一定的妥协与谅解。

众所周知，春秋历史发展的最重要线索是晋、楚争霸。这中间有三场战事可称得上具有里程碑的意义。这就是先后爆发于公元前632年的城濮之战，公元前597年的邲之战，公元前575年的鄢陵之战。这三场战事，都是晋、楚两大国之间的战略性会战。

其中，城濮之战是晋文公统率雄师，打得楚军满地找牙，落花流水，从而"取威定霸"，成为继齐桓公之后中原诸侯的真正霸主。邲之战则是楚庄王"一鸣惊人""一飞冲天"，杀得晋军丢盔弃甲，溃不成军，从而成为新的天下霸主。到了鄢陵之战，风水轮流转，战争胜利的天平又向晋国一侧倾斜，是役，晋厉公麾下的栾书、郤至诸将尽心用命，让楚、郑联军饱尝了何谓兵败如山倒的痛苦滋味。三场决定性会战，晋国胜了两场，楚国赢过一场，总体来说，晋国稍稍占据了上风，但是，楚国可不是善茬，也不是好剃的头，它毕竟也胜过一回，所以，到头来，谁也无法拥有争霸角逐中的绝对优势，只能以时间换空间，彼此僵持，互相对峙。

当然，在当时整个晋、楚争霸大格局中，晋国还是拥有一定的优势的。尤其是经历了晋悼公"复霸"阶段的三驾之役后，楚国的战略颓势显得更为突出。在三驾之役中，晋军取得了比较重大的胜利，并乘胜而召开了重建晋国霸权的萧鱼之会，这标志着楚国这时候已再无力北上同晋国作全面抗衡，也标志着晋国保宋、服郑的战略目标的基本实现，更标志着晋悼公复霸大业达到鼎盛阶段，即所谓三驾而楚"不能与晋争"（《左传·襄公九年》）。

　　然而，需要强调指出的是，三驾之役并没有真正彻底摧毁楚国赖以抗衡晋国的军事实力，双方态势或有不利与有利的差异，但晋楚之间战略对峙的格局并未被打破，仍然是处于战略均势的状态。换言之，晋国自晋悼公复霸以后，虽对楚国已拥有了相对的战略优势，但是受种种条件的制约，晋国的这一优势并不能顺利发展成为胜势。

　　这从外因上讲，是经历了齐、晋平阴之战后，齐、晋联盟破裂，双方多次兵戎相见，大打出手，从而削弱了自己的力量，牵制了自己的行动，分散了自己的资源。从内因上说，则是国内公室日益趋于衰微，晋国国君的大权逐渐旁落，卿大夫势力不断膨胀，内乱不已，纷争无止，使得其不得不将自己的主要注意力转移到国内来，以致无法集中力量与楚国相角逐争雄。这一点早在晋悼公在位晚期就已经显示端倪，所谓晋国"实不能御楚，又不能庇郑"（《左传·襄公十年》），在这种情况之下，晋国统治集团实在不乐意为争夺和维系霸权而全力以赴，而是十分渴望有一个比较缓和与平静的外部环境，来首先调和内部矛盾，解决积重难返的国内问题，"形格势禁"，别无更好的选择，所以遂有了罢兵停战的意向。

　　楚国对谈判与弭兵的愿望也同样热衷。自鄢陵之战惨败以来，楚国的实力受到相当严重的削弱，在与晋国争夺天下霸权的斗争中基本处于下风。尤其是晋悼公发起三驾之役，实现复霸后，楚国的盟国与仆从越来越少，"门前冷落车马稀"，不但中原枢纽国郑国彻底投入了晋国的怀抱，就连陈、蔡这样长期的坚定盟友也琵琶别抱、落井下石，与晋国眉来眼去，表现出动摇携贰的种种迹象。楚国的处境日趋孤立，"茕茕孑立，形影相吊"，加上侧后的吴国在晋国的一手扶植与策划下，不断地进行骚扰和进犯，对己构成严重的战略威胁。在这样的背景下，楚国也认识到自己已无力再与晋国相抗争，"当今吾不能与晋争"（《左传·襄公九年》）；"宜晋之伯（霸）也，有叔向以佐其卿，楚无以当之，不可与争"（《左传·襄公二十七年》）。所以它内心深处非常希望暂时停止大规模的战争，获得一个和平间歇的环境，以恢复国力，重振声威。

至于郑、宋、鲁、曹、卫、燕、陈、蔡、许等中小国家，备尝战争所带来的苦果，处于"其民人不获享其土利，夫妇辛苦垫隘，无所厎告"（《左传·襄公九年》），"民死亡者，非其父兄，即其子弟。夫人愁痛，不知所庇"（《左传·襄公八年》）的悲惨境地，早已经受够了，都快要崩溃了，因此，无论是其统治者，还是其平头百姓，都早就如"大旱之望云霓"，一心期盼着大国之间的争霸能够止息，和平的生活能够降临。

由此可见，厌倦战争，拒绝戈戟，渴望和平，追求安顿，业已成为广大民众和中小诸侯的共同心声，这标志着进行弭兵止武完全具备了广泛的社会基础；晋、楚两大争霸主角危机败象已渐露端倪，没有力量"将革命进行到底"，继续从事大规模的争霸战争，这标志着开展弭兵运动，基本具备了现实层面的可能。而晋、楚两国主要执政者的明智决策，宋国大夫向戌的来回奔波，积极斡旋，则使得主要大国能够顺应历史的潮流，将这种可能性及时、圆满地转变为现实，公元前546年的弭兵大会就在这样的背景下隆重热闹地开了起来。

公元前548年，晋国卿大夫赵文子（赵武）替代病死的范宣子出任晋国的首席执政。他深富韬略、老谋深算，对国际政治大势有相当清醒的认识，所以，上台伊始，便正式将弭兵戢战作为国家的战略方针提了出来，毫不含糊地表示："自今以往，兵其少弭矣"（《左传·襄公二十五年》），并且明确指出当时已经初步具备了实行弭兵的条件："齐崔、庆新得政，将求善于诸侯。武也知楚令尹。若敬行其礼，道之以文辞，以靖诸侯，兵可以弭"（同上）。我们知道，晋国是争霸战争中的第一号角色，此时又拥有对楚国的相对优势，只有它才具备主动挑起战争的条件，属于矛盾中的主要方面。如今它率先表示不再玩了，愿意追求和平、放弃战争，那么，弭兵运动取得成功，就有了一半以上的希望。

楚国的执政者令尹子囊也是头脑比较清醒的实权派，他同样反对与晋国继续进行争霸厮杀，希望收敛锋芒，韬光养晦，曾坚定地表示："当是时也，晋不可敌，事之而后可"（《左传·襄公九年》）。所以，晋国方面既然有偃武修文的意向，这正中楚国的下怀，连做梦都要笑出声来了。正是在这种你情我愿却又羞羞答答、不易主动伸出橄榄枝的微妙时刻，宋国大夫向戌的机会来了，"欲弭诸侯之兵以为名"（《左传·襄公二十七年》），于是乎堂皇亮相，隆重登场，主动地站到了历史舞台的中央，四两拨千斤，扮演和事佬，开展积极的外交穿梭活动，一举促成晋、楚等诸侯弭兵大会的顺利召开。

向戌此人可不简单，他人脉极其广泛，活动能量非同寻常，他左右逢源，与赵文子和楚国令尹子囊都有很密切的私人交谊，在察觉和了解到晋、楚双方都有歇手不打的意向后，便当仁不让地扮演起"联合国秘书长"的角色，鞍马劳顿奔走于晋、楚等大国之间，宣传和推销他的弭兵主张。

他先是兴冲冲到了晋国，向赵文子提出弭兵的方案。赵文子的作风比较民主，将向戌的建议交付诸大夫进行讨论。大多数人都表示了赞同，其中韩宣子的分析尤为透彻。他的核心观点是："兵，民之残也，财用之蠹，小国之大灾也。将或弭之，虽曰不可，必将许之。弗许，楚将许之，以召诸侯，则我失为盟主矣"（同上）。这意思是说，即便明明知道这场"弭兵秀"是个幌子、仅仅是一场表演而已，但也要煞有介事，假戏真做，否则丢掉了话语权，让对手利用和借题发挥，那就彻底陷入被动，必定是全盘皆输。诸大夫的反应，正符合赵文子本人的初衷，因此，向戌游说晋国弭兵的目的就水到渠成地实现了。

接着，向戌又风尘仆仆地跑到楚国，郑重建议楚国呼应晋国，进行弭兵，楚国正求之不得，也十分爽快地答应了。

尔后，向戌栉风沐雨，鞍马劳顿，不辞辛苦地辗转抵达二等强国齐国，鼓动齐国积极参与弭兵大会，齐国公室对此开始有点勉强，不太情愿出面给晋、楚"背书"，但是，拥有军政实权的新贵田文子，却振振有词地表示："晋、楚许之，我焉得已？且人曰弭兵，而我弗许，则固携吾民矣，将焉用之"（《左传·襄公二十七年》）。意思是：老大们所决定的事情，我们不必打横炮、唱反调，只需要跟着走就是，要知道自己是吃几两干饭的，不要做"蚍蜉撼树""螳臂当车"的蠢事，更何况我们本国的民意也是盼望和平，如果抵制"弭兵"，那就是与广大人民为敌，届时一定成为孤家寡人，祸不旋踵矣！这样，终于说服齐景公同意参加弭兵大会。至此，向戌又顺利地拿下一城。

向戌再接再厉，又先后风尘仆仆地抵达秦国和一些中小诸侯国，凭着自己的巧舌如簧，口若悬河，很容易地争取到它们对弭兵倡议的认同与支持。

一切就绪之后，向戌就在公元前546年的夏秋之交，广发"英雄帖"，约集晋、楚、齐、秦、宋、鲁、郑、卫、曹、许、陈、蔡、邾、滕等14国大夫来到宋国都城，在那里召开了规模盛大、礼仪庄严的弭兵大会。这样重要的会盟，居然是各国君主统统悄然地"隐形"，而全部由14个诸侯国大夫代表所在国家出席，这在整个春秋历史上尚属于第一回，由此可见，这也是礼乐征伐"自大夫出"的一个显著标识。

虽然在这次弭兵大会上小插曲不断，曾经出现过诸如晋、楚争先歃血主盟，楚国一方穿着防弹背心（"衷甲"）与会，意欲蛮干动武等紧张气氛，但是，从总体来讲，大会开得是顺利与成功的，达到了弭兵休战的基本战略目的。

会议郑重其事地做出决定：以晋、楚为首，各国共同签订盟约，不再打仗，共享和平。晋、楚共为盟主，不分轩轾，自此之后，中小诸侯国同时认晋国与楚国为自己的主子，对晋、楚需要同时朝贡，"晋、楚之从交相见"（《左传·襄公二十七年》），即晋、楚平分霸权，楚国的盟国要到晋国去朝聘，同理，晋国的盟国也要前往楚国去朝聘。唯有齐国、秦国这两大列强是和晋、楚旗鼓相当的大国，所以可以享受特殊的待遇："晋之不能于齐，犹楚之不能于秦也"（同上），所以就分别与晋、楚联盟，不向晋、楚朝贡。事至如此，轰轰烈烈的弭兵大会宣告圆满结束，晋、楚两大强国罢兵休战、平分霸权的格局就此正式确立了。

今天来看，向戌所倡导的弭兵运动之实质，是典型的春秋时期"G2"，是所谓的晋、楚"共治"天下，换言之，乃是当时中原长期争霸两大主角晋、楚承认战略均势，互相妥协，分享霸权。

对于中小诸侯国来讲，弭兵休战的结果，实际上是用加倍的贡赋来换取征伐之苦的减轻，他们的使臣，也就不得不跋山涉水、栉风沐雨，觐拜于晋、楚两国的朝廷，汲汲于分别呈交"保护费"了。在这之前，中小诸侯国的贡赋就十分的沉重了，如《左传·襄公二十四年》记载：晋国"范宣子为政，诸侯之币重，郑人病之"。弭兵大会后，随着贡赋的加倍，中小诸侯国的困难处境可想而知，当然，"羊毛出在羊身上"，其普通民众所遭受的剥削程度自然而然是层层加码，然而，弭兵毕竟大大地减少了战争，在一定程度上带来了比较和平安全的社会环境，这多少还是具有积极意义的。

对于晋、楚等大国而言，弭兵的圆满成功，使得它们能够从漫长而沉重的对外争霸战争中暂时摆脱出来，这当然有利于减轻战争的负担，赢得宝贵的喘息与恢复时机。同时，随着外患的暂时淡出，各国内部的统治秩序就可以较好地理顺了，各种内政改革措施可陆续推出并着手实施了，利益集团的统治权益重新洗牌、重新配置的速度也能够大大地加快了，这样，就有力地促进了统治集团内部的新生力量的成长壮大，为适应历史大潮流，在日后建立起新的运行机制，开辟了道路，创造了条件。

更为重要的是，弭兵大会作为春秋历史进程中的一座里程碑，它标志着春秋历史进入了它的后期，战争的重心开始由黄河中下游流域向江、淮流域转移，主角的扮演者，也由晋、楚、齐、秦的领袖，逐步换成了吴、越等新兴国家的统治者，天下霸权的角逐之格局悄然中被改写了，这是崭新的一页，更是扣人心弦、别开生面的气象！

第三章　晋楚争霸背景下的吴、楚角逐

一、各取所需，晋、吴结盟的来龙去脉

如前所述，晋、楚争霸，是整个春秋大国争霸历史进程中的一条主线，春秋后期的吴楚战争以及此后的吴越战争，从某种程度上来说，乃晋、楚之争的延长赛，同时也可以看成是晋、楚两大中原霸主的代理人战争，当然，这种大国之间的幕后操纵，仅仅是外因，而外因只是变化的条件，内因才是变化的根据，外因总是通过内因而起作用。

就内因而言，吴楚战争，是吴国迅速崛起的过程中，与江淮汉水流域的守成大国楚国发生利益冲突的自然产物，是新兴的吴国企图取代楚国，成为主宰江淮地区新势力的一种结构性矛盾的大爆发。自寿梦开始，直至吴王僚在位，前后60余年间，吴、楚两国互相攻战不已，曾先后爆发了多次较大规模的战争。这些战

事大都是吴的主动进攻和楚的防御作战以及反进攻，以争夺与控制淮河流域与长江北岸地区为重点。

可是，就在吴国势力日益发展的情况下，楚国也参照晋国联吴制楚的做法，如法炮制，伐谋伐交，拉拢东南方的越国从侧后威胁与骚扰吴国。而北方中原地区的齐、鲁诸国，惮于吴国的迅速坐大，也多有不安，因此从各个方面对吴国施加压力，进行干扰。这样一来，吴国在战略上便处于三面受敌的局面。

吴国要在这样错综复杂的"国际"环境之中求得生存，谋取开拓，就必须避免陷入"无所不备，则无所不寡"的战略困境，在上述三个方面中选定一个首先进攻的方向，确定率先打击的战略目标，触一发而动全身，中心突破，再四面开花，以点带面，逐次推进，从而最终实现"西破强楚，北威齐晋，南服越人"、称霸中原的战略目标。多年来，吴国的君臣出于对全局利益上的战略考虑，始终坚持和贯彻首先集中力量打击楚国的基本方针。

历史证明，吴国的这个战略选择是完全正确的。

因为吴国如果首先发兵进攻北边的齐、鲁诸国，不但师出无名，授人把柄，没有必胜的把握，而且正如后来伍子胥对吴王夫差所分析的那样，吴国"不能居其地，不能乘其车"，即使取得一些胜利，也并不能从中获得多少实际的利益。同时，吴国在当时中原诸侯们的眼中，尚属于未曾十分开化的蛮夷之邦，化外之地；相反，齐、鲁诸国则是立国悠久、文明底蕴深厚的"礼义"大国，在诸侯列国中素具威望，吴国要进入中原列国的圈子，还有赖于它们的认可和提携。所以，吴国此时决不能轻举妄动，贸然率先去攻打齐、鲁诸国。

如果吴国此时先进攻南面的越国，这在军事上、政治上也不是最佳的选择。吴、越两国的人口、面积、国力等方面都在伯仲之间，相差不大，派去攻打越国的军队如果少了就不能必胜，多了则导致国内空虚，会给正虎视眈眈的楚国提供可乘之机，使得吴国两面受敌，陷于战略上的极大被动。而且越国地处吴国的更南面，距离中原更为遥远，经济、社会、政治、军事、文化比吴国还要落后，即使能够战而胜之，在中原各国中也产生不了多大的影响。

所以，当时只有首先进攻西边的楚国，才是吴国唯一正确的选择。这是因为：

第一，楚国立国已久，地广兵众，位居上游。长期以来它兼并小国，争霸中原，亡吴之心不死，乃是吴国最大的心腹之患。

第二，楚国当时面临的困难形势为吴国伐楚提供了千载难逢的大好时机。这个时期楚国的形势，概括起来就是：民众疲惫困顿，财力空虚匮乏，奸佞当道乱政，国君昏庸无能，君臣离心离德，局势动荡不安，政治日趋腐败，矛盾复杂尖锐，社会秩序混乱，外交陷于孤立，军令不能统一，可谓是外强中干，色厉内荏，是"银样镴枪头"，中看不中用。

第三，从当时的"国际"形势来看，吴国进攻楚国，在外交上也能够处于有利的主动地位，天下霸主晋国的积极支持与声援自不必待说，齐、鲁诸国固然比较忌惮吴国的勃兴，但是，却更加畏惧和憎恨楚国，所以将基本保持中立，而且还很有可能同情和帮助吴国。至于东南方向的越国，虽为吴国之宿敌，但是，此时其整体实力毕竟略逊于吴国，而且又刚刚被吴国所打败，士气严重受挫，斗志相当消沉，尚没有足够的力量主动向吴国进犯。

由此可见，吴国君臣们以宿敌楚国为首先对付的主要对手，并且在此基础上与楚国展开全方位的竞逐，这就战略上来讲，既有高屋建瓴的前瞻性，又不乏切实可行的操作性。

这个倾其全力、赌上国运的生死角逐，以公元前506年的柏举之战，吴军以秋风扫落叶之势"五战入郢"，大获全胜而暂时画上了阶段性的分号，楚国后来虽然在同盟国秦军的支持下收复郢都，但毕竟元气大伤，因而不得不在春秋后期的大国争霸中采取守势。

再回到外因，晋楚争霸，各自争取战略上的奥援与合作，则毫无疑义是吴楚战争爆发并愈演愈烈的重要推手。自公元前632年城濮之战起，晋楚这两个春秋时期的一号与二号大国，就进入了战略上全方位的"零和"博弈。三场战略会战（城濮之战、邲之战、鄢陵之战）晋楚打成了二比一的比分，晋二胜一负，楚一赢二输，随后爆发的三驾之役，也是晋悼公领导下的晋国占了一定的上风。这个结果，显示出晋、楚两强相争，晋国稍稍占有优势，楚国则略处下风，但是，晋国对楚的优势并不是压倒性的，而楚国亦绝非泥足巨人，不堪一击。基本上可以说是旗鼓相当，势均力敌，形成沉闷的胶着状态，进入漫长的对峙局面，晋、楚两国谁都难以独立打破僵局，于是乎，便各自寻求与国，以利称霸大业的发展，达成既定的战略目标。

晋国毕竟老练，在这方面先行了一步，它为了对付楚国，打破僵局，十分注重招朋引类，开辟第二战线，为此积极拉拢吴国。晋景公继位之后的一个重大战略举措，就是采取"联吴制楚"的方略，在吴王寿梦二年（前584年），派遣楚国叛臣申公巫臣带着战车与军事顾问出使吴国，巧舌如簧，努力游说吴王寿梦认清形势，选边站队，投入晋国的怀抱，双方谈妥后，申公巫臣等人就开始帮助吴国推进兵种建设，训练军队，并唆使与鼓动吴国与楚国为敌，"以两之一卒适吴，舍偏两之一焉。与其射御，教吴乘车，教之战陈，教之叛楚"（《左传·成公七年》）。拉拢吴国从侧后骚扰进攻楚国，置楚国于顾此失彼、左支右绌、捉襟见肘、疲于奔命的两线作战困境！

　　吴国正发愁在与楚争战的过程之中，己方势单力薄，底气不足呢，如今见到天下第一大国、当了多年中原霸主的晋国主动施以援手，那可真是喜从天降，大喜过望，对它而言，"霸主"晋国的支持，是最大的靠山，实属求之不得，于是乎，双方一拍即合，愉快携手了。需要特别指出的是，申公巫臣通使吴国，还给吴国带来了中原地区先进的军事文化和战术，有力地促成吴国军事实力的增强。原来吴国地处南方水网地带，军事上以水战为主，陆战只有少量的步兵。巫臣给吴国带去兵车，并"教吴乘车，教之战陈"，这样一来，吴国便开始拥有自己的车战兵团，兵种的配置更加齐全，能够适应各种复杂的战场情况，从而逐渐地抵消了楚国原先在兵种和战法上的固有优势。"凡中国之长技皆与吴共之"，这样，吴国的军事实力就得到了跨越式的大发展，顺利地实现了"弯道超车"的目的，严重地抑制了楚国北上争霸的势头。楚国因此而陷入战略上的极大被动，"吴始伐楚，伐巢，伐徐……子重、子反于是乎一岁七奔命，蛮夷属于楚者，吴尽取之"（《左传·成公七年》）。

　　至于兵学家孙武为什么跑到吴国去，我个人认为其历史的谜底也许跟当时的外交结盟同样有关系。晋国派出军事教官去帮助吴国，而齐国兵学发达，有著名的军事理论家，作为晋老大的重要同盟国，齐国不能袖手旁观、坐享其成，也得出力，为"攘夷"大业添砖加瓦，于是派人掺和这场战略博弈，敲敲边鼓乃理有固宜，势所必然。所以，孙武很可能就是齐国专门派出的前去帮助吴国的人。另外，根据1972年山东临沂银雀山汉墓出土的《孙子兵法》竹简佚文《吴问》的记载，吴王阖闾向孙武询问晋国的政局动态与权力重组，"六将军分守晋国之地，孰先亡？孰后存？"也即其政局会怎么演变？

阖闾不问齐国的情况、不问鲁国的情况，也不问楚国、秦国、越国、郑国、宋国的情况，而偏偏认真执着地询问晋国的情况，这里面同样很有讲究。当时晋国是6个大族当政，彼此之间拉帮结派，钩心斗角，暗潮汹涌，云诡波谲，吴、晋两国是战略同盟，而在这个同盟关系中，晋为主导，吴为从属，主次清晰，依附明显，所以，吴国自己在选择与晋国内部哪一个宗族打交道时，那一定要小心翼翼，十分谨慎，"战战兢兢，如履薄冰"，十分注意选边站队，千万不能押宝押错了，那样的话，也就前功尽弃，后患无穷了！所以，吴王阖闾才会虚心地向孙武请教分析晋国的政局，即所谓"不知诸侯之谋者，不可豫交"（《孙子兵法·军争篇》）。

二、胡搅蛮缠，吴国修理楚国的明枪暗箭

自吴王寿梦开始，历经诸樊、余祭、夷末（即余眜）诸王，

一直到吴王僚上位，前前后后60余年之间，老牌大国楚国与方兴新锐吴国之间，你来我往，互相攻伐，胡搅蛮缠，无止无休，曾先后爆发了十次较大规模的战争。这些战事的显著特色，主要体现为吴国咄咄逼人的主动进攻与楚国左支右绌的被动式反进攻，以争夺淮河流域至长江北岸地区为战略重点。这充分说明了前人有关"江南以江淮为险，而守江者莫如守淮"（顾祖禹《读史方舆纪要》卷十九）的重要战略含义。

1.州来之战

公元前584年，也即申公巫臣衔晋景公之命，正式出使吴国的当年，吴军摩拳擦掌、气势汹汹扑向楚国的巢、徐等地，首次一举攻占了州来（今安徽凤台地区）。州来是楚国在东方的门户，淮水流域的战略要地。吴军进攻得手，入据此地，使得楚之侧背受到严重的威胁，楚国上下为此而方寸大乱、惊恐不安，不得不让重臣"子重自郑奔命"，从防御晋国进攻的第一线——郑国战场上临时调遣重兵，来仓促抵御吴国大军的凌厉攻势。自此之后，吴、楚双方曾经围绕州来这个战略要地，展开了旷日持久的攻防争夺战，这种状况，一直延续到公元前519年吴军最终完全控占州来为止。州来之战的爆发与长期延续，标志着吴、楚多年血腥厮杀的开端，这在春秋后期的战争发展史上具有特殊重要的象征意义。

2.鸠兹之战

公元前570年，楚国令尹子重统率精兵2万攻伐吴国，进占鸠兹（今安徽芜湖东），并乘胜推进到衡山一线（今安徽当涂东）。时隔不久，子重又派遣其麾下邓廖"帅组甲三百，被练三千"，浩浩荡荡向吴国境内腹地开进。吴国积极应战，吴王寿梦世子诸樊预先设伏于太湖以西扼要地段，自己率领部分兵力迎战楚军。稍事交锋之后，吴军即佯装力不能支，主动向后退却，将楚军邓廖所部诱入吴军的伏击圈内，然后突出伏兵，将楚军包围得水泄不通，并发起攻击，大破楚军，生擒邓廖。楚军仅仅"组甲八十，被练三百"得以侥幸逃脱。吴军一鼓作气，再接再厉，乘胜攻击楚军主力，收复鸠兹，并积极扩张战果，夺占了楚国在江北的要邑驾（今安徽无为）。楚军主帅子重遭此惨败，恼羞成怒，一病不起，呜呼哀哉，"遂遇心疾而卒"。是役，吴军破敌拓地，除敌主帅，交出了一张非常亮丽的成绩单。

3.庸浦之战

公元前560年，吴国乘楚共王刚去世、楚国内部政局动荡不安之际，主动出兵攻打楚国。吴国的这种做法，显然是违背"军礼"中"不加丧，不因凶"原则的，可是，到了这个时候，还有几个人继续乐意让传统的规则来束缚住自己的手脚呢？吴国的行径也只是顺应时代大潮流而已。

楚国方面，闻报吴军来袭，也不敢有任何怠慢，委派养由基、子庚率兵迎战。楚军利用吴军屡胜而骄、轻敌不备的弱点，诱使吴军冒进，双方交战于庸浦（今安徽无为南），吴军遇伏大败，其将公子党束手就擒。次年，楚国子囊欲扩大战果，率师由棠伐吴。吴军这次变得聪明多了，采取坚壁固守之策，持重待机。脑子缺根弦的子囊误以为吴军怯弱无能，在撤军的过程中疏于戒备，殊不料吴军"以迂为直"，绕道偷袭，"自皋舟之隘要而击之，楚人不能相救。吴人败之，获楚公子宜谷"（《左传·襄公十三年》）。子囊丧魂落魄，仓皇逃回楚都，不久便在忧惧中一命呜呼。是役，吴军先败而后胜，使楚国再一次损兵折将，大伤元气。

4.舒鸠之战

吴王诸樊十三年（前548年），楚国令尹子木（屈建）统领大军征讨叛楚附吴的舒鸠国（偃姓小国），吴军认为楚国这么做，是在动吴的奶酪，遂派兵援救舒鸠。楚将子强等人以少量"私卒"将吴军引诱至预设阵地，与令尹子木所率领的楚军主力夹击吴军，吴军仓促接战，一败涂地。楚军再接再厉，乘胜进围舒鸠，终于将其一举荡平。吴王诸樊咽不下这口窝囊气，欲扳回一分，又于同年十二月亲自统领吴军攻打楚国的战略要地巢城，这其实是犯了用兵打仗之大忌，所谓"主不可以怒而兴师，将不可以愠而致战"（《孙子兵法·火攻篇》），结果事情变得更糟糕，他本人死在了楚守军的箭镞之下。事至如此，覆水难收，吴军再也无招可出了，于是不得不灰溜溜地撤退回国。是役，是吴军在整个吴、楚战争中的少数败仗之一。

5.夏汭之战

公元前538年，楚国主动进攻吴之要邑朱方，吴国不甘示弱，强硬相对，和楚国展开对攻，一举夺取了楚国东部边境地区的棘、栎、麻三座城邑。第二年，楚国率领一些仆从国及东夷部落攻打吴国，以报吴军袭占楚边境地区三邑的怨仇。楚国将领薳射指挥繁扬之师（当为一支楚国的地方部队）抵达夏汭（今安徽凤台西南），吴军出动应战，楚军薳启疆所部进行阻击，结果为吴军击败于鹊岸。楚军主力涉渡罗汭而进，进抵汝清（失考），但终因吴军以逸待劳，防守严密，无机可乘，最后只好悻悻退兵，草草收场。

6.乾溪之战

公元前536年，徐国大夫徐仪聘使于楚，为背信弃义的楚国所扣留，徐仪倒挺有能耐，居然乘楚人守备的疏漏，设法逃脱了羁押。楚国觉得这太有损自己的颜面了，就派遣薳泄统兵伐徐（今江苏泗洪南）。吴军打抱不平，出兵援救徐国。楚方认为吴国手伸得太长，纯属多管闲事，遂迁怒于吴，下令由令尹子荡率领大军从乾溪（今安徽亳州市东南）进击吴国，但是事与愿违，反而为吴军邀击于房钟（今安徽蒙城西南），造成相当惨重的损失。这一次楚、吴两国对淮河下游的争战，又以吴军的凯旋而告终。

7.长岸之战

公元前525年，吴国再次主动出击，双方军队在长岸（今安徽当涂博望山）一带展开激战。吴军一开始就占据战场主动，接连奏捷，杀死了楚国司马子鱼。当然，楚军也不是软柿子，虽遭逢挫折，但仍然斗志顽强，坚持战斗，绝地反攻，击败了吴国舟师，缴获了吴王乘船"余皇"。楚军主帅随即指派部队环堑、列阵而守。吴国公子光是一名厉害人物，他派人潜伏于"余皇"的周围，到了夜间，趁着天气黑暗，命令伏兵大声呐喊，使得楚军惊慌失措，一片混乱，吴军把握战机，发起攻击，大破楚军，一举夺回"余皇"，胜利而返。是役，楚国又是一无所获，黯然收兵。

8.鸡父之战

公元前519年，吴王僚率公子光等起兵进攻州来。楚国司马薳越统率楚、顿（今河南商城南）、胡（今安徽阜阳北）、沈（今河南沈丘）、蔡（今河南新蔡）、陈（今河南睢阳）、许（今河南叶县）七国联军前往援救州来，令尹阳匄抱病督师。

吴军统帅部见楚联军来势凶猛，就灵活应变，迅速撤去对州来的包围，将部队移驻于钟离地区（今安徽凤阳东临淮关），暂时避敌锋芒，伺机行动。这时，进军途中的楚军军中发生了一个不大不小的变故，这就是令尹阳匄因病体沉重，死于军中。楚军未战即失去督师，可谓出师不利，士气多少受到一些影响，司马薳越为此而调整了楚军的作战方案，回师鸡父（今河南固始东南），拟稍事休整，再决定下一步的作战行动。

吴国公子光听说楚国令尹阳匄已经身亡弃世，楚方联军不战而退，认定这正是吴军把握战机、击破强敌的天赐良机，于是向吴王僚建议率军尾随，捕捉机会。他具体分析了联军的状况，指出其存在的种种弱点，强调这是天上掉馅饼的好事，绝对不可失之交臂：依附楚国的诸侯国固然不在少数，但它们不过是些兵寡将微的蕞尔小国，无足轻重，它们之所以参与联军，不是心甘情愿的主动选择，而是因畏惧楚国的淫威而不得不做的被动姿态。具体地说，胡国与沈国的国君年幼无知，更搞笑的是，他们还不知道自己究竟有几斤几两，妄自尊大；陈国的主政大夫四肢发达、头脑简单，是标准的蠢货一枚；顿国、许国、蔡国这三国早已与楚国貌合神离，离心离德了，说得严重一点，他们是骨子里都恨透了楚国。如今老天有眼，让楚国令尹在关键时候死掉了，其继承者地位低，素乏威望，上层统帅部之间互不服气，结果就是导致军队内部政令不一，一盘散沙，各行其是。最后公子光得出的结论，就是"七国同役而不同心，帅贱而不能整，无大威命，楚可败也"（《左传·昭公二十三年》）。

吴公子光的分析入情合理，高明透彻，吴王僚听后大呼过瘾，欣然采纳，并针对敌情做出具体周密的作战计划：指挥吴军迅速逼近楚联军，定于在到达鸡父战场后的第二天即发起攻击，利用当天"晦日"的特殊气象条件，"出其不意，攻其无备"，以奇袭的方式来解决战斗。在具体的兵力部署上，吴军拟以一部分兵力攻击胡、沈、陈的军队，一举战而胜之；然后扩大战果，打乱其他诸侯国的军队，最后，再集中兵力攻击楚军本身。并决定在作战过程中，采取先示敌以"去备薄威"，尔后再以"敦阵整族猛攻之"的灵活战法。

一切都准备就绪后，吴军遂于古代用兵所忌的晦日七月二十九日突然出现在鸡父战场。此举堪称神来之笔，完全出乎楚国司马薳越的意料，仓促之中，他首先想到的是自保，下令让胡、沈等六国军队为前阵，以掩护楚军。吴王僚以自己所统率的中军、公子光所统率的右军、掩余所统率的左军，预作埋伏，而以不习战阵的三千囚徒作为诱兵进攻胡、沈、陈诸军。双方"交兵致刃"刚刚上手，未受过专门军事训练的吴国刑徒，近似乌合之众，即散乱退却。胡、沈、陈军见状，不知是计，遂贸然发起追击，捕捉战俘，纷纷进入了吴军主力预设的伏击圈中。此时，战鼓擂响，吴国三军当机立断，从三个方向突然出击，如猛虎下山，锐不可当，迅速搞定对手，并杀死胡、沈两国国君与陈国大夫夏齧。尔后又采取心理威慑的战法，驱纵所俘的三国士卒逃回本阵。这些士卒侥幸逃得性命，已是魂飞魄散，此时便撒足狂奔，口中还叫嚷不止：我们的国君死了！我们的大夫完了！许、蔡、顿三国军队见状，目瞪口呆，惊恐不已，军心动摇，阵势不稳。吴军于是乘胜擂鼓呐喊，冲锋向前，直扑三国之师。三国之师本来就已是肝胆俱裂，阵势早就动摇，又见吴军漫山遍野蜂拥而来，哪里还有作战的意志与勇气，于是纷纷不战而溃，乱成一团。楚军主力未来得及排列阵势，即被许、蔡等诸侯军之退却所扰乱，回天乏力，迅速走向失败。至此，吴军终于大获全胜，并再次占领州来，不再放弃。

鸡父之战，对楚国而言，是一次非常沉重的打击。战后不久，楚司马蓮越惧怕朝廷"追责"，畏罪自杀，庸碌无能的囊瓦当上了令尹，从此，楚军基本上采取了消极防御的对策，在吴、楚战争的大格局中更加趋于被动了！

在鸡父之战以后，吴、楚之间又先后发生过两次较大规模的作战。一次是在公元前518年。是年，楚平王率军拟攻击吴国，因吴军早已有了准备，楚军进抵圉阳（今安徽巢湖南）即返回，吴军趁楚军后撤，攻入楚国境内，并乘势攻占了巢与钟离。另一次是在公元前515年的沙汭之战。公元前516年，楚平王去世，吴军乘楚国遭遇新丧，主动攻击楚国，进围潜邑（今安徽霍山东北），楚方亦派兵抵御吴军的攻击。双方相持一段时间后，见无获胜的机会，于是各自撤走部队，脱离接触。

在以上所介绍的十次较大规模的战事中，吴军全胜六次，楚军全胜一次，双方互有胜负共三次。总的趋势是楚国左支右绌，顾此失彼，日遭削弱，国势颓唐；吴国兵锋咄咄逼人，日见凌厉，积极主动，渐占上风。它也说明，吴、楚之间的争战是长期的，激烈的，无法避免的，并预示着双方之间最终摊牌，迎来决定生死存亡的战略决战……柏举之战正在一步步向双方走近。

吴军方面在这一系列战事中之所以能够占据主导优势地位，越战越勇，乃是其实行正确作战指导的必然结果。从兵力对比来说，当时的吴军处于以寡敌众的困难地位；就战场作战态势而言，吴军大多也处于"后处战地而趋战"的不利位置，但是，吴军却多能指挥若定，克敌制胜，其原因主要在于吴军往往能准确地判断和掌握敌人的情况与动态，"致人而不致于人"，敢于主动出击，并非常巧妙地利用对手的弱点。在战场交锋中，又善于灵活运用示形动敌、诱敌冒进、设伏痛击、乘胜猛攻等积极战法，从而常常达到因敌变化、进退裕如、出奇制胜的目的。这在鸠兹之战、长岸之战、鸡父之战中均有相当突出的反映。

反观楚军，其在争夺江淮流域的作战行动中损兵折将，屡遭败绩，进退失据，逐渐趋于下风，原因是多种多样的。其主要方面概括归纳起来，大致有以下几点：一是恃强好战，昧于谋略，骄妄自大。二是其主力需要抵御来自宿敌晋国方面的强大压力，无法尽其全力与吴军一决雌雄，陷入了两线作战的被动地位。三是其军队的主帅，或贪鄙无能，或匆匆就任，缺乏威信，内部矛盾重重，无法实施集中统一指挥。四是对吴军的战略动向与战术变化疏于了解和戒备，经常是在被动中仓促应战，以致暴露破绽、呈现软肋，为对手所乘。五是临阵指挥机械笨拙，缺乏必要的机动应变能力。所有这些因素混合在一起，想不打败仗也难了，遂导致楚军在整个吴、楚争江、淮流域的战事中日益陷于被动，渐渐地丧失了其原有的优势。

从更深的层次考察，公元前506年吴楚战略大决战柏举之战的爆发不是偶然的，所谓"冰冻三尺，非一日之寒"。而吴军日后之所以能在柏举大胜奏捷，最终五战入郢，并非一蹴而就，也是其长期以来对楚作战中"积小胜为大胜"，厚积薄发，瓜熟蒂落，水到渠成的自然结果。

三、阖闾发动政变与吴楚摊牌的提速

阖闾发动宫廷政变，踩着殷红的血泊登上国王的宝座，是吴国历史上重要的一页。它的影响是长时段、全方位的。如果就吴国的争霸大业而言，其最直接的影响，乃是使得吴、楚双方的最终摊牌从此进入了畅通无阻的"快车道"。

吴国虽然在与楚国争夺江淮流域的战争中屡屡取胜，捷报频传，但是，距离彻底压倒楚国、称雄江淮流域这一战略目标，却依然是相当的遥远。若要做到这一步，吴国必须出现一位旷世的明君，使得吴国在他的英明领导之下，政治、经济、军事、文化综合国力得到更大的发展，从而一举击破强楚，实现霸业。上苍待吴国真的不薄，这时候天降大任于斯人，一代伟人诞生了。这一位君主，就是吴王阖闾。

公元前526年，吴王夷末（一作余昧）寿终正寝、撒手西去。他的庶弟僚按照兄终弟及制的惯例，登上国王的宝座。可是，夷末的嫡长子公子光对此并不心服。他认为应该按照父死子继的原

则，由自己来继承王位，于是他便"阴纳贤士"，准备伺机以强力袭杀吴王僚，使自己名正言顺地荣登大宝，成为吴王。

公子光是一位文武双全且阴沉狠辣、富于心计、老谋深算的强人，用今天的话来讲，是个典型的野心家、阴谋家。他善于掩饰自己的真实意图，暗中积极进行抢班夺权的准备工作。一方面，他身先士卒，冲锋陷阵，英勇作战，屡立战功，打造自己的光辉形象，捞取了很大的政治资本，并骗得吴王僚的高度信任、欣赏有加，"吴王僚方用事，公子光为将"，以出色的战绩为自己日后袭杀吴王僚、篡夺王位计划的酝酿与实施，打下坚实的基础。另一方面，他又不露声色地广泛结纳贤士，培植自己的党羽爪牙，密谋策划，窥测方向，以求一逞，为日后袭杀吴王僚、夺取大位做具体的准备。他还通过楚国亡臣伍子胥的推荐，网罗到勇士专诸这样的刺客，只待时机成熟，便要下手实施自己的既定计划。

功夫不负有心人，这一时机终于悄然来临了，吴王僚十二年（前515年）春，吴王僚乘楚昭王新立，正忙于为楚平王办理丧事之际，派遣其弟公子掩余和公子烛庸两人统领吴军大举攻楚，这也可以看出，"军礼"传统所推崇的"不加丧，不因凶"这一类战争行动规则，在新兴的南方诸侯国那里，是没有市场的，被毫不留情地加以忽视。可是这次吴军的作战行动，进展并不是那么顺利，进军途中的吴军曾遭受到楚军的前后夹击，一度受困于潜

（今安徽霍山东南），陷于进退两难的处境；而吴军主力的远征，则造成了吴国国内兵力空虚、能臣羁旅。另外，这时候著名的吴国公子季札又正在中原诸国从事外交斡旋（聘问）未归。而居心叵测的公子光这时却谎称足疾而留守都城，"时来天地共努力"，公子光认真分析形势后，认定这正是自己发动宫廷政变、夺取王位的良好时机，于是，禁不住内心万分激动，兴奋地表示，"此时也，弗可失也"（《左传·昭公二十七年》），遂快马加鞭，紧锣密鼓开始实施自己的计划。

　　该年四月初夏的某一天，公子光在预先埋伏好甲兵后，在客堂摆设酒席宴请吴王僚，吴王僚不知是计，带着少数精兵扈从欣然前往。酒过三巡，勇士专诸伪装成厨师捧上全炙之鱼以进；待接近吴王僚之时，专诸突然掰开鱼肚，抽出事先预备好的鱼肠利剑猛刺吴王僚，吴王僚因变起意外，猝不及防，被利剑洞穿胸背，当场喋血殒命。公子光见专诸行刺得手，立即出动伏兵，蜂拥上前，无情地格杀吴王僚的亲信和卫士，将他们悉数歼灭，"出其伏甲，以攻王僚之徒，尽灭之"（《史记·刺客列传》）。大功终于告成，公子光如愿以偿，终于登上了国君宝座，号为吴王阖闾（一作"阖庐"），从而正式掀开了吴国历史新的一页。

　　阖闾是一位韬略过人、雄心勃勃的政治强人，弑僚夺位一举成功之后，他大权在握，顾盼自雄，便着手为实现自己革新图强、争霸天下的政治抱负而不懈努力。

他的这些努力，主要体现在几个方面：

第一，血腥地铲除吴王僚的残余势力，殚精竭虑巩固自己的专制统治地位。阖闾深谙除恶务尽的政治斗争之精髓要义，先是派遣刺客要离刺杀流亡在他国的吴王僚之子庆忌。其后，又动用军事手段除掉了辗转逃亡到楚国的吴王僚之弟公子掩余和公子烛庸，釜底抽薪，斩草除根，从根本上清除了对自己国君宝座的直接威胁。

第二，选贤任能，擢以不次，广揽人才，委以要职，扩大自己的统治基础。在阖闾的众多革新图强措施之中，选贤任能，广致人才当是关键之所在。道理很简单，天底下没有免费的午餐，不会有天上掉馅饼的好事。任何事情都需要有人去做，任何理想都得依靠人去实现。在当时逐鹿中原、霸权迭兴的情况下，能否网罗和任用人才，更密切地关系着国家的兴亡、霸业的盛衰，因而社会上普遍有"得士则昌，失士则亡"的说法。

阖闾的卓越与英明，就在于他登基之后，始终以"海纳百川，有容乃大"的姿态与胸襟，把求贤任能作为最重要最迫切的工作来抓，孜孜不倦，锲而不舍，他先是委任专诸的儿子为上卿，以表彰和报答其父的功劳，接着又先后将伍子胥、伯嚭、孙武、华元等能人提拔到"行人""太宰""将军"等重要的领导岗位上来，开诚布公，集思广益，用人不疑，充分发挥他们的智慧与才干，从而为整个称霸事业奠定了坚实的基础。而在人才的拔擢与使用中，将帅的遴选与任命，尤其是重中之重。克敌制胜的重要条件之一，在于将帅的素质和能力。俗话说，千军易得，一将难求，其德行情操的优劣，韬略智慧的长短，指挥艺术的高下，直接关系到军队的安危、战争的胜负。因为假如统军之将猥琐无能，"伐谋""伐交"固然无从谈起，"伐兵""攻城"也将一事无成。所以，孙武等中国古代兵家对将帅的作用和地位予以充分的肯定，把它看作是保证战略目标实现的重要条件，"将者，国之辅也。辅周则国必强，辅隙则国必弱"（《孙子兵法·谋攻篇》），"故知兵之将，生民之司命，国家安危之主也"（《孙子兵法·作战篇》）。一再强调"夫总文武者，军之将也。……得之国强，去之国亡"（《吴子·论将》）；"国之大事，存亡之道，命在于将"（《六韬·龙韬·论将》），"置将不善，一败涂地"（《史记·高祖本纪》）。西方军事学家在这一问题上的认识也是相似的。如若米尼就强调指出："一个统帅的高超指挥艺术，无疑是胜利的最可靠的保证之一，尤其是在交战双方的其他条件都完全相等时，更是如此"[①]。"有关支配军队的制度是政府军事政策中最重要

---

① ［瑞士］若米尼.战争艺术概论.刘聪，袁坚，译.北京：解放军出版社，1988：62.

的组成部分之一。一支精锐的军队，在才能平庸的司令官指挥之下，能够创造出奇迹。而一支并非精良的军队，在一位伟大的统帅指挥之下，也能创造出同样的奇迹。但是，如果总司令官的超人才能还能再加上精兵，就一定能创造出更大的奇迹。"①毫无疑问，孙武、伍子胥等最卓越的军事人才被发现、被重用，就是阖闾"能创造出更大的奇迹"之最重要保证。

第三，崇俭去奢，亲众爱民，淡泊明志，励精图治。榜样的力量是无穷的，楷模的表现是最有说服力的，因此，阖闾登基后，身体力行，率先垂范，改变作风，亲力亲为，勤俭治国，爱下恤民，以一个标准的贤君形象出现在当时的政治舞台之上。关于这一点，相关史书中曾有大量的文字记载："吴光新得国，而亲其民，视民如子，辛苦同之，将用之也。"(《左传·昭公三十年》)"(吴王阖闾)食不二味，居不重席，室不崇坛，器不彤镂，宫室不观，舟车不饰；衣服财用，择不取费……勤恤其民，而与之劳逸，是以民不罢劳，死知不旷。"(《左传·哀公元年》)这些文字，当然不无阿谀吹捧、粉饰夸大之处，这也是旧史书所容易犯的通病，但是，我们也不能完全说这是丝毫没有影子的信口雌黄、无中生有。我们知道，历史记载绝不可能有所谓的"绝对真

---

① ［瑞士］若米尼.战争艺术概论：63.

实"，而只会存在"近似真实"与"逻辑真实"。就"近似真实"与"逻辑真实"而言，吴王阖闾统治前期的所作所为，的确具备了作为一代贤能之主的风范与气度！

第四，兴修水利，奖励农桑，发展生产，增殖国力。打仗从某种程度讲，就是拼经济，是双方综合国力的竞争。阖闾完全明白这个道理，因此，在即位之后立刻致力于这方面的工作。他在农业生产与社会管理方面曾向孙武请教过中原国家扩大亩制、减轻赋税的经验（参见银雀山汉墓竹简《孙子兵法》佚文《吴问》篇），又制定了一系列鼓励广大民众开垦荒地的政策，从而充分地调动了众多农业生产者的积极性，使得大量的荒地得到开垦和利用，吴国的粮食产量有了较大的增长。与此同时，阖闾还积极兴修水利，曾经委派伍子胥主持开凿胥河，使宣、歙诸水系（位于今安徽南部）与太湖相通，后来又设置五堰来节制水流。所有这些措施及其成效，都卓有成效地增强了吴国的经济力量，为吴国在春秋后期全面崛起、后来居上，最终破楚图霸奠定了物质上的雄厚基础。

第五，"立城郭，设守备"，锻造兵器，制作舟船，选练士卒，扩充军事实力。吴王阖闾即位后，其中一个重大的举措是，将吴国的都城由今天江苏无锡一带迁徙到今江苏苏州（一说，早在诸樊为吴王时期，就将吴都迁徙到了今天的苏州），并委派大臣伍子胥具体主持兴筑都城的事宜。经过数年的努力，伍子胥带领吴国军民终于筑成有三重城垣的坚固新都城，并且在都城西北另外修筑一座坚固的小城，作为吴国新都城的屏障，"造筑大城，周回四十七里，陆门八，以象天八风；水门八，以法地八聪"（《吴越春秋·阖闾内传》）。除了这大小二城之外，阖闾还在其他战略要地修筑城堡以及各种防御设施，从而建构成全国性的强大军事防御性网络。

同时，阖闾还高度重视大量制造各种进攻和防御的兵器。其中的铸剑因质地精良、锋利无比而驰名天下："阖闾之干将、莫邪、巨阙、辟闾，此皆古之良剑也。"（《荀子·性恶》）伍子胥建议吴王阖闾"请干将铸作名剑……复命于国中作金钩"（《吴越春秋·阖闾内传》）。这一情况，已由历年地下考古发掘的进展而得以证实，各地多有吴越之剑出土。如山西省原平峙峪的吴王光剑、湖北省襄阳蔡坡楚墓和河南省辉县琉璃阁魏墓的吴王夫差剑、湖北省江陵市望山的越王勾践剑等。这些青铜剑出土时光彩熠熠，锋刃锐利，寒光逼人，工艺制作技术之精良，令人叹为观止。在吴国的诸多兵器中，"戈"的制作和功效也非常著名，名扬四海，这在当时同样是备受推重、誉满天下的，《楚辞·九歌·国殇》所谓"操吴戈兮披犀甲"云云，就透露了这方面的信息。此外，吴王阖闾还十分重视军队的训练问题，曾在五湖（今太湖）之滨开辟有专门的练兵场所，致力于"选练士，习战斗"（《吕氏春秋·首时》），"习术战、骑、射、御之巧"（《吴越春秋·阖闾内传》）。

第六，纵横捭阖，争取与国，先西后南，各个击破。吴国向外扩张争霸所遇到的主要对手有两个，楚国与越国。阖闾夺权篡位后，在外交上积极争取与国，结成相对稳定的战略同盟，以借力打力，壮大吴国自身的力量。他一方面继续加强和天下第一霸主晋国的固有同盟，另一方面又千方百计将地处淮水上游的唐、蔡等小国拉到自己一边。与此同时，阖闾注重区别事情的主次先后、轻重缓急，坚定不移地将打击的矛头首先指向西边的楚国，致力于避免与楚、越两国同时开战而导致左支右绌、顾此失彼！避免两线作战，这也是古今中外战略学家所普遍强调和坚持的军事学基本原则。例如，瑞士军事学家若米尼对此就有相当深刻的见解，强调指出："必须尽量避免两线作战的战争，而如果一旦发生这种战争，则最好先对邻国中的一个敌国采取克制忍辱态度，到适当时机再报仇雪耻。"①其实，早在两千多年前，吴王阖闾在实践中就早已这么做了，并取得了显著的成功。

---

①　［瑞士］若米尼.战争艺术概论：56.

总之，此时此刻的吴王阖闾完全是以一个积极进取者的形象出现在政治舞台上的，准备谱写自己生命中的辉煌乐章。用《国语·楚语下》中的话说，便是阖闾"口不贪嘉味，耳不乐逸声，目不淫于色，身不怀于安，朝夕勤志，恤民之羸，闻一善若惊，得一士若赏，有过必悛，有不善必惧，是故得民以济其志"。

四、箭在弦上：吴国迎来千载难逢的机会

在吴王阖闾的悉心治理之下，未出几年，吴国的经济、政治、军事、外交等各个领域都呈现出崭新的面貌，已经基本具备了与楚国全面抗衡的条件，在此基础上，吴国对楚国的战略决战，也渐渐摆到了吴国君臣的议事日程上来了。

在吴国君臣看来，在这个时候进攻楚国正是大好时机，是箭在弦上，不得不发。而阖闾、伍子胥等人之所以能够透过现象看本质，在错综复杂的情况下准确地抓住主要矛盾，这正是他们高瞻远瞩，具有卓越的军事战略思想的体现。

吴国虽然在对楚国的长期战争中逐渐占据主动地位，但是就两国整体实力而言，楚国对吴国还具有一定的优势。这首先是因为楚国拥有一支相当规模且实战经验丰富的军队，数量达20万人之多，兵种齐全，装备先进精良，有"楚之为兵，天下强敌"之誉。其次，被孙武等人视作攻取目标的楚都郢城，楚人经营已久，

是楚国长期以来的经济、军事与政治中心，雄伟坚固，易守难攻。最后，吴国若要兴兵伐楚，攻打郢城，就必须深入楚国腹地，行师千里，而"劳师袭远"，历来就是兵家之大忌。吴军只有数万之众，要顺利完成既定战略计划，更是难上加难，风险系数相当大。

孙武、伍子胥等人对这种战略态势是心知肚明、洞若观火的。所以当公元前512年孙武初任吴军之将时，就针对阖闾在急于求成的心态驱使之下，提出立即大举发兵攻楚的打算多有保留，并苦口婆心地加以谏阻："民劳，未可，且待之"（《史记·伍子胥列传》），指出不能急功近利，"时不至，不可强生"，得明白"事缓则圆"、步步为营的道理。为此，孙武等人一再要求阖闾沉着冷静，主张等待时机，以图后举。

不过，阖闾君臣并没有消极地守株待兔。他们的厉害，就在于他们能够立足于"先为不可胜，以待敌之可胜"（《孙子兵法·形篇》）的立场，从不是消极地等待敌方出现破绽，而是积极运用谋略，主动创造条件，完成敌我优劣态势的转换。疲敌误敌，翦楚羽翼，积蓄实力，捕捉战机，积小胜为大胜，创造从根本上打垮和削弱楚国的条件，就是阖闾、伍子胥等人在柏举之战展开之前所从事的主要工作。

翦楚羽翼，这是阖闾君臣等人的第一步妙着。原在吴王僚时率兵伐楚的公子掩余、公子烛庸二位公子，为吴王僚的同母胞弟。因吴王僚被弑身亡，两位公子被迫另谋出路。其中公子掩余跋山涉水，投奔徐国（今安徽泗县北），而公子烛庸则辗转投奔了钟吾国（今江苏宿迁东北）。徐和钟吾都是楚的属国，对二公子来奔，自然给予接纳。二位公子以它们为基地，积蓄力量，伺机反扑，与阖闾为敌。公元前512年，阖闾为清除吴王僚的残余势力，胁迫徐国和钟吾国分别交出二公子。两国自恃有楚国做靠山，拒不交人，而是资助二公子，让他们直接去投靠楚国，寻求庇护。阖闾闻讯后怒不可遏，乃与孙武、伍子胥等人一起，统率大兵征伐这两个小国。战斗进行得相当顺利，吴军先是攻占了钟吾国，将钟吾国国君活捉缉拿。尔后又气势汹汹、浩浩荡荡进兵徐国，堵壅山水以灌之，乘势灭掉了徐国。徐国君主章禹只身出逃楚国。徐和钟吾两国虽然弱小，但其战略地位却比较重要，长期以来一直是楚国的羽翼，如今吴军一举灭之，这样就为自己进而伐楚扫清了道路。

主动出击，攻伐楚国，削弱楚军的实力，这是吴国阖闾君臣为实施破楚入郢战略计划全局上的第二着妙子。进攻是最好的防守，尤其是吴军数量寡少，在对楚较量中更不能消极等待对手来进攻，而宜先发制人，主动出击，积小胜为大胜，不断地削弱楚军的实力。吴国君臣清醒地意识到这一点，在充分准备的基础上，积极主动发起对楚国较小规模的攻势，蚕食楚国地盘，消灭楚军有生力量。

公元前512年，吴王阖闾率兵伐楚，攻克楚的附属国舒（今安徽庐江西南）。

公元前511年，吴国出动新编三军，对楚国发起进攻，攻克养城（今河南沈丘东南），一举擒杀了盘踞在那里的掩余和烛庸两公子，初步廓清了淮水北岸楚国的势力，为日后大举攻伐楚国又扫清了一大障碍，赢得了主动。

公元前508年，伍子胥的"伐交"策略为阖闾所采纳，于是就策动桐国（今安徽桐城北）背叛楚国。然后又使舒鸠氏（今安徽舒城）引诱楚师出击，楚国果真中计，派遣令尹囊瓦率师东征，屯驻于豫章（今河南潢川北）。孙武见楚军入觳，便采取"兵者诡道""兵以诈立，以利动，以分合为变""攻其不备，出其不意"的谋略，指挥吴军发起突然攻击，大破楚军于豫章，并乘机攻克巢地，活捉楚守巢大夫公子繁。是役楚军丧师失地，遭到惨败。

吴军的主动出击，掠地杀将，沉重打击了楚军的士气，很好地贯彻了伍子胥等人积小胜为大胜的战略意图，是日后破楚入郢之战得以顺利进行的必要前提。

轮番出师，疲楚误楚，这是伍子胥、孙武等人为最终发动入郢之役、为实现破楚战略决战创造时机的关键一着。阖闾上台后，曾向伍子胥、孙武等人请教过破楚大计，"初而言伐楚，余知其可也，而恐其使余往也，又恶人之有余之功也。今余将自有之矣，伐楚何如？"（《左传·昭公三十年》）意思是说，早在吴王僚在位期间，伍子胥就曾提过伐楚的建议，阖闾（当时叫公子光）内心深处对此是认同的。可是担心自己会被委以重任，率兵去攻打楚国，替吴王"作嫁衣裳"，白白费劲，因此当时就没有就此事进行表态、予以支持。如今阖闾已是自己执政，不再有"肥水流入外人田"的问题，那么攻打楚国一事，当然可以积极启动了。

伍子胥来自楚国，对楚国的情况应该说是十分了解的。他针对当时楚国军队人数众多，但政出多门、军令不一而导致机动性较差的实际情况，在充分总结借鉴当年晋国荀罃"三分四军"、轮番击楚的三驾之役经验基础上，创造性地向吴王阖闾提出了"疲楚误楚"的策略方针。他说："楚执政众而乖，莫适任患。若为三师以肄焉，一师至，彼必皆出。彼出则归，彼归则出，楚必道敝。亟肄以罢之，多方以误之。既罢而后以三军继之，必大克之。"（《左传·昭公三十年》）意思就是说，楚昭王年纪尚幼，无力有效地控制政局。楚国当政者多而不一，乖张不和，政出多门，一盘散沙，没有一个人能够承担楚国的忧患。如果将吴军编组为三支部队，轮番骚扰楚国，那么，只要出动一支部队，就能将楚军全部吸引出来，当楚军一出动，我军就撤回，楚军一退回，我军就再次出动，这必然能够使得楚军疲于奔命，人疲马乏。如此这般，无休无止地骚扰楚军、折腾楚军、疲惫楚军，多方调动楚军，使敌人在判断和指挥上都发生严重的失误，然后我方再出动三军主力攻打，必定能够聚歼楚军，大获全胜！由此可见，这一方针的核心要旨是分吴军为三支，轮番出击，骚扰楚军，麻痹敌手，创造战机，制敌于死地。这里，"疲敌"是手段，集中优势兵力，"出其不意，攻其无备"，聚歼敌人才是最终的目的，这显然要比三驾之役中晋军单纯致力于疲敝对手的"三分四军"的做法更为积极，更为高明。

据《左传》等史籍的记载，"疲楚误楚"之计出自伍子胥之口，但在它身上明显地打上了孙武"迂直之计""先为不可胜，以待敌之可胜""胜兵先胜而后求战"等军事原则的深深烙印。所以我们似乎可以大胆地推测，伍子胥在提出这一高明的对楚角逐策略方针之前，很有可能是和孙武认真商议研究过，并大量吸收了孙武的正确意见。从这层意义上来说，"疲楚误楚"之计也可以说是孙武和伍子胥两人共同的杰作。

"疲楚误楚"的策略方针为吴王阖闾所欣然采纳，并在具体军事行动中加以坚决地贯彻落实。这样六年时间实行下来，吴军先后袭击了楚国的夷（今安徽涡阳附近）、潜（今安徽霍山东北）、六（今安徽六安北）以及弦、豫章等重地，害得楚军成了"消防队"，东奔西走，到处灭火，疲于奔命，斗志沮丧，"秋，吴人侵楚。伐夷；侵潜、六。楚沈尹戌帅师救潜，吴师还。楚师迁潜于南冈而还。吴师围弦。左司马戌、右司马稽帅师救弦，及豫章。吴师还。始用子胥之谋也"（《左传·昭公三十一年》）。它的贯彻实施，收到了很好的效果，几年之中，楚军左支右绌，顾此失彼，捉襟见肘，疲于奔命，指挥失灵，士气低迷，军事实力大受损耗，"楚于是乎始病"。与此同时，吴军这种浅尝辄止、不作决战的做法，时间久了，也给楚军造成严重的错觉，误以为吴军的行动仅仅是小打小闹式的"骚扰"而已，习以为常，而忽视了吴军这些"骚扰""佯动"背后所包藏的"祸心"，麻痹大意，放松了应有的警惕，高枕无忧，到头来终于栽了大跟斗，付出了极其惨痛的代价。

《孙子兵法·用间篇》有云："故惟明君贤将，能以上智为间者，必成大功。此兵之要，三军之所恃而动也！"在与楚国进行战略决战的准备过程中，吴国君臣还高明运用了"设间误敌"的策略。在当时的楚军高层将领中，子期颇有才能，知兵善战；而子常（即囊瓦）则徒有虚名，贪鄙无能。伍子胥、伯嚭等人来自楚国，对这一内情自然是一清二楚。于是建议吴王阖闾派遣间谍，潜入楚国境内，四处散布假情报以蒙蔽和欺骗对手："子期用，将击之；子常用，将去之。"(《韩非子·内储说下》)昏庸无能的楚昭王果然中计，让猥琐无能的子常坐镇中枢，主持军政，从而为日后的吴、楚柏举决战的惨败埋下了祸根，"荆人闻之，因用子常而退子期也。吴人击之，遂胜之"(同上)。

吴王阖闾君臣等人所实施的翦楚羽翼、蚕食重创敌手、"疲楚误楚"、"上智为间"等高明策略方针，给楚国以沉重的打击，并初步控制了吴楚所必争之江淮流域的豫章地区，这样，就使得吴国基本上完成了破楚入郢的战略布局。吴、楚两国之间的最终战略决战，也随之而进入了水到渠成、瓜熟蒂落的最后阶段。

第四章 东周第一战：吴、楚柏举之战全景扫描

一、其疾如风：柏举鏖战的全面爆发

公元前506年，吴国阖闾君臣给楚国以致命一击的时机终于来临了。这一年的秋天，楚国继续走好大喜功、穷兵黩武的老路，借口蔡国攻灭沈国（今安徽阜阳西北），悍然出动大军围攻蔡国。蔡国弱小，力屈不能相支，遂向当时天下的霸主晋国求援，派出人质前往晋国，请求晋国出兵驰援共抗楚师。但是，当时晋国内部正忙于争权夺利的内斗，无暇理睬蔡国的请求。蔡国百般无奈之下，只好退而求其次，在危急之中转而向吴国恳求救援。为了表达自己联吴抗楚的坚定决心，蔡侯还将自己的儿子和蔡国执政大夫的儿子一并送往吴国充当人质。与此同时，唐国（今湖北随州西北）的国君也因愤懑于楚国的不断侵凌勒索，而主动地派遣使节与吴国通谊修好，自告奋勇，要求协助吴国共抗强楚。

　　唐、蔡两国虽然都是兵寡将微的蕞尔小国，但是，其位居楚国的北部侧翼，战略地位相当重要。吴国通过和它们结盟，就可以从州来、居巢、钟离（这些据点此时均已为吴国所占领）等要地迅速集结，秘密出兵，隐蔽绕过大别山脉，由淮水经蔡入楚，实施其避开楚国重兵所把守的正面，即楚军防范严密的巢、桐地区，进行战略大迂回，大举突袭、直捣楚国腹心的作战计划了。这一点，著名兵家孙武早已看得清清楚楚，曾经向吴王阖闾指出："王必欲大伐，必得唐、蔡乃可。"（《史记·吴太伯世家》）如今唐、蔡方面主动找上门来，这对于吴国君臣来说，自然是喜从天降、求之不得的事情，于是阖闾君臣立即分遣使臣出使唐、蔡两国，郑重其事地通告两国国君说："楚为无道，虐杀忠良，侵食诸侯，困辱二君，寡人欲举兵伐楚，愿二君有谋。"（《吴越春秋·阖闾内传》）遂结成三国同盟，准备大举兴师动众，攻打楚国。

　　同年冬天，吴王阖闾根据《孙子兵法·九地篇》中所提示的"凡为客之道，深入则专，主人不克""夫霸王之兵，伐大国，则其众不得聚；威加于敌，则其交不得合……信己之私，威加于敌"等作战原则，御驾亲征。他委任伍子胥、伯嚭、孙武等人为将军，胞弟夫概为前敌先锋，倾全国兵力水陆三万余人，并联合唐、蔡二国，乘楚国连年征战极度疲惫、东北部边境防御空虚薄弱之隙，进行深远的战略奇袭，从而正式揭开了自商周以来规模最大、战场最广、战线最长的柏举之战的帷幕。这场战争的战略目标是阖闾君臣预先制定的，它以袭占楚国郢都为基本目标，以实施远距离战略奇袭为作战指导方针，立足于纵深进攻，大创聚歼。

战争伊始，吴军遵循孙武"攻其无备，出其不意"的作战指导思想，"以迂为直，以患为利"，实施大规模的纵深战略迂回。他们乘坐战船，溯淮水浩浩荡荡西进，迅速进抵淮汭（今安徽凤台附近，一说今河南潢川西北），然后在蔡地舍舟登陆，在阖闾、伍子胥、孙武等人的直接指挥下，吴国军队继续沿着淮水大踏步西进，他们以劲卒三千五百人为前锋，并得到唐、蔡两国军队的配合导引，兵不血刃，迅捷神速地通过楚国北部的大隧、直辕、冥阸三关险隘（均在今河南信阳一带），勇往直前，穿插挺进到汉水的东岸，从而占有了战略上的主动先机之利，为接下来的柏举战略决战创造了良好的条件、有利的态势。

楚国方面闻报吴军大举来袭，大为惊诧，不得已而在极其被动的情况下动员兵力，仓促应战，是所谓"败兵先战而后求胜"。为了阻止吴军向楚国都城郢都作更深远的进攻，楚昭王赶忙派遣令尹囊瓦（即子常）、左司马沈尹戌、武城大夫黑、大夫史皇等人统率楚军昼夜兼程奔赴至汉水西岸进行防御，两国军队遂隔着汉水互相对峙。

《左传》作者引用上古兵书《军志》有云；"先人有夺人之心，后人有待其衰。"《老子》亦言："抗兵相加，哀者胜矣！"从吴、楚双方的基本情况来看，各有其明显的优势与长处，但也各有其突出的短板与软肋。吴军方面，士卒人数虽少但却斗志旺盛、士气高昂、骁勇善战，相当精锐，并且已经占有了实施战略突袭所带来的先机之利，所以，对吴军而言，其利在于趁热打铁，一鼓作气，再接再厉，速战速决。而楚军方面，其人数众多但战斗力相对较弱，不过，由于是在本土作战，其后勤保障等条件则相对较为充裕优越，因此，对楚军来说，其利在于持久防御，后发制人，让吴军欲攻不能，欲守不得，进退维谷，以时间换空间，疲惫和消耗吴军，挫败其咄咄逼人的势头，而后再集中优势兵力，伺隙击破吴军，所谓"先为不可胜，以待敌之可胜"。

在楚军诸多前敌将领之中，左司马沈尹戌是一位头脑冷静、深富韬略的优秀军事将领。他根据双方的战略态势，并针对吴军突袭作战的特点，向统帅囊瓦提出了如下的建议："子沿汉而与之上下，我悉方城外以毁其舟，还塞大隧、直辕、冥阨。子济汉而伐之，我自后击之，必大败之。"（《左传·定公四年》）意即由囊瓦统率楚军主力沿汉水西岸阻击吴军的进攻，从正面牵制吸引吴军。而由他本人北上方城（今河南方城），征集那里的楚军机动部队，迂回到吴军的侧后，毁坏吴军的舟楫，阻塞与封锁汉水以东的三关要隘，以一举切断吴军的归路。尔后再率领部分楚军南下，与囊瓦所统率的楚军主力实施前后夹击，战略包抄，一举消灭远道而来、立足不稳的吴军。应该说，这不失为一个以静制动、后发制人、攻守兼备、奇正相生的高明作战方案，如能认真贯彻落实，必将给吴军造成战略上的极大被动。

囊瓦起初同意了沈尹戌的建议，可是楚军内部军令不一、矛盾重重的痼疾却最终使自己走上了失败之路。待沈尹戌风尘仆仆奔赴方城征集军队不久，囊瓦本人便出于贪立战功、独揽胜果的心理，听从了武城大夫黑和史皇等人的挑拨怂恿，擅自改变了自己与沈尹戌原先所商定的正面相持、断敌归路、侧翼包抄、前后夹击的正确作战指导方针，而采取了冒险开进、速战速决的做法，不待沈尹戌完成迂回包抄行动，即统率楚军仓促渡过汉水，进击吴军。

阖闾、夫概、伍子胥、孙武等人见楚军变易主客，主动出击，正合己方快刀斩乱麻、速战速决的作战意图，不禁大喜过望，欣喜不已，于是就采取了后退疲敌、寻机决战的作战方针，由汉水东岸稍事后撤。昏聩无能却又自视甚高、目空一切的囊瓦果然中计，他误以为吴军畏难怯战，于是就忘乎所以，步步进逼，一路尾随吴军而来。自小别（今湖北汉川东北）至大别（今湖北境内大别山脉）间，楚军长途跋涉，连续与吴军进行小规模交锋，可是结果总是失利，丝毫没有占到什么便宜，士气低落，部队疲惫。

"机不可失，时不再来"，吴国阖闾君臣见楚军已落入自己布下的圈套，陷入完全被动的困境，就当机立断，决定同楚军进行战略决战。是年十一月十九日，阖闾、伍子胥、夫概、孙武等人指挥吴军在楚国境内柏举地区（今湖北汉川北，一说在今湖北麻城）布列阵势，迎战楚军。

此时，楚军主力已经开进到柏举附近，楚将薳射所率领的增援部队也及时到达了战场。但是，薳射与令尹囊瓦这两人之间颇有心结，关系不睦，由来已久，这早已经是公开的秘密，如今军情紧急、大战在即，可他们还是在那里怄气互怼，互相轻视，互不协作，各自立营扎寨，没有丝毫的大局观念，这真是"天作孽，犹可违；自作孽，不可活"。

阖闾之弟夫概具有颇为优秀的军事指挥造诣，他看出楚军内部所存在的不和睦、不团结的现象，认为囊瓦昏庸无能，尸位素餐，素来不得人心，楚军上下皆无死战求胜之志，因此，建议吴军立即主动发起攻击。他指出，"楚瓦不仁，其臣莫有死志。先伐之，其卒必奔。而后大师继之，必克。"（《左传·定公四年》）意思就是说，只要吴军迅速英勇地发起进攻，楚军就必然会陷入混乱，很快崩溃。届时已方再以主力投入战斗，必能斩将搴旗，大获全胜。

然而，吴王阖闾是"帅"，他不同于夫概这样充当"前敌先锋"的"将"。我们知道，"帅"与"将"思考问题的侧重点是有所不同的。将，更多的是关注局部，而主帅则更多的是注重掌握全局；将所恃为"勇"，帅所恃为"稳"；身为"将"，讲求战术、战斗，身为"帅"，则讲求战略、战役。所以，他持重小心，行稳求全，出于谨慎的考虑，斟酌再三，还是否决了夫概的意见。血气方刚的夫概心有不甘，他非常不愿意轻易放弃这一胜敌的良机，于是就斩钉截铁地表示："所谓'臣义而行，不待命'者，其此之谓也！今日我死，楚可入也。"（《左传·定公四年》）于是便凭借着一腔热血，"君命有所不受"，率领自己所部的五千余众奋勇进攻囊瓦的部队。

楚军果然是外强中干、色厉内荏的"纸老虎"，在吴军的进攻面前弱不禁风，一触即溃，阵势大乱。阖闾、伍子胥、孙武等人见夫概所部突击成功，乃乘机将吴军主力及时投入交战，扩张战果，大胜楚军。囊瓦在吴军的沉重打击面前丧魂失魄，弃残兵败将于不顾，仓皇逃奔郑国，大夫史皇为掩护主帅囊瓦，力战不支，捐躯沙场。楚将薳射，也成了吴军的阶下之囚。至此，吴军取得了这场吴、楚柏举会战的决定性胜利。

二、侵掠如火：从清发水到兵临郢都

遭受重创的楚国残军，在蓮射之子蓮延的带领之下，狼狈不堪地向西南方向溃逃。此时，伍子胥等人审时度势，建议吴王阖闾乘胜连续进击，不给对手以喘息缓气的任何机会："阖闾攻郢，战三胜。问子胥曰：可以退乎？子胥对曰：溺人者一饮而止，则无逆者，以其不休也。不如乘之以沈之。"（《韩非子·说林下》）

伍子胥这番话，促使阖闾在关键时刻坚定了信心，指挥吴军及时实施战略追击，尾随不舍，终于在柏举西南的清发水（即涢水，今湖北安陆西）追上楚军。此时的楚军，精神上早已完全垮掉了，心理彻底崩溃，见吴军追来，惊恐万状，丧魂落魄，遂各不相让，争先恐后抢渡清发水。阖闾见楚军渡水逃命，就准备急行攻击，但是却为夫概所劝阻，他的主要理由就是："困兽犹斗，况人乎！若知不免而致死，必败我。若使先济者知免，后者慕之，蔑有斗心矣。半济而后可击也。"（《左传·定公四年》）

阖闾对此予以首肯，吴军遂"因敌制胜"，采用"半济而击"的战法，再度给正在渡河逃命之中的楚军以极其沉重的打击。尔后，吴军继续乘胜追击，直至雍澨（今湖北京山西南）追上惊魂甫定、正在埋锅做饭的楚军残兵败将，痛加聚歼，并在那里与由息地（今河南息县西南）回救的楚军沈尹戌部遭遇。两军相遇勇者胜，经过一场激烈的拼杀，楚军又被阖闾等人所指挥的吴国劲旅彻底击溃，其主将沈尹戌本人虽困兽犹斗，竭力厮杀，堪称英勇顽强，视死如归，但是，毕竟独木难支，回天无力，最终"子魂魄兮为鬼雄"，伤重身亡。至此，曾经张牙舞爪、不可一世的楚军全线崩溃，再也无力作有效的抵抗，楚都郢城（今湖北江陵西北）完全暴露在吴军的面前，已是指日可下了。

阖闾、夫概、伍子胥、孙武等人挥师挺进，摧枯拉朽，势如破竹，五战五胜，长驱直入，兵锋直指郢都城下。楚国大臣子期、子西虽然在郢都及附近要地部署了部分兵力，企图背城借一，负隅顽抗，无奈兵败如山倒，大势尽去，楚国举国上下早已是风声鹤唳，人心动荡，士气消沉，兵无斗志，根本不能抵挡吴军碾压式的进攻。随着吴国铁甲劲旅的迅速逼近，楚昭王本人彻底惊慌失措了，完全心理崩溃了，三十六计，走为上，万般无奈之下，他玩起了临阵脱逃的招数，携带胞妹和少数臣子凄凄惨惨、惶惶如丧家之犬逃出郢都，出奔随国（今湖北随州）。十一月二十九日，即柏举决战之后的第十天，阖闾、夫概、伍子胥、孙武等人统率吴军一举攻陷郢都，这场被著名历史学家范文澜先生定义为"东周第一战"的柏举之战，至此终于以吴军的辉煌胜利而宣告结束。

三、好牌打烂：秦军给阖闾君臣上课

阖闾、夫概、孙武、伍子胥等人统率吴国大军威风凛凛、浩浩荡荡开进楚都郢城，作为吴、楚战争的胜利者，他们的心态在此时此刻都发生了合乎逻辑的变化。

吴王阖闾作为胜利一方的最高统帅，自然是踌躇满志，不可一世，他眼见数代强敌如今终于彻底栽在了自己的手中，吴国的称霸大业取得了里程碑式的胜利，骄奢傲慢之心油然而生，而楚国国都的富庶繁华，又让他滋生出各种强烈的欲望，必欲据之而心甘，加上在长年对楚征战中所形成的仇视憎恨楚人的阴暗心理，这一切必然诱导他在战争善后问题上做出极其错误的决策。更要命的是，在"惟辟作福，惟辟作威"的绝对君权至高无上的政治生态中，吴王阖闾作为最高统治者，他的意志，是具有决定性的导向，为吴军在郢都的所作所为定了基调，残暴无道、肆虐报复合乎逻辑地成为吴军上下一致遵循的基本原则与行动纲领！

伍子胥呢，自己的父亲和兄长惨死在楚平王的斧钺之下，而自己则被迫背井离乡，四处逃亡，"伍子胥过昭关，一夜白头"，可见他这条性命能留住之大不易，他真是历尽了人间的悲凉沧桑，尝遍了世上的不幸苦酒，家仇如山，身恨似海，让人日夜衔思，怒火填膺，唯求手刃仇人，报仇雪恨。如今苍天有眼，青山

作证，自己终于苦尽甘来，以战胜者的身份踏上这片洒满泪血、渗透痛苦的土地，这真是让人百感交集，万般慨然。回想起当年的不幸遭遇，他不禁热血沸腾，怒火中烧，悠悠万事，唯此为大，这就是彻底复仇，一泄心头之恨。

至于孙武，历来鄙视古《司马法》等旧兵书所提倡的"军礼"原则，什么"以礼为固，以仁为胜"，什么"君子不重伤，不禽二毛"，什么"战不逐奔，诛不填服"，什么"入罪人之地，无暴神祇，无行田猎，无毁土功，无燔墙屋，无伐林木，无取六畜、禾黍、器械"，在他的眼里，都是迂阔陈腐、业已过时的教条。他所推崇的是，"掠于饶野，三军足食"，是"威加于敌"，是"堕其城，隳其国"，是"掠乡分众，廓地分利"。所以，他至少不会反对阖闾、伍子胥的决策，也多少顺从并执行阖闾对战败国进行严惩与报复的命令。可是，真理越过一步，就变成了谬误。事情推到了极端，性质就走向了反面。孙武虽是伟大的兵学理论家，但是，可以合理推测的是，其在入郢之后的表现，恐怕是无法让人恭维的。

其他的将领，像夫概、伯嚭、华元等人，更是以暴发户的心态，对待眼前骤然大胜的现实，得意忘形，趾高气扬，忘乎所以，为所欲为，恣意放纵，以快己意。

吴军最高统帅部上下，就是在这种可怕的偏激、骄狂心态下，开始其对楚国郢都的占领管制的。他们带领吴军在郢都城内大肆烧杀抢掠，捣毁楚国的宗庙，将宗庙中陈设的能够搬走的财宝洗劫一空，还毫无顾忌地捣毁了无法搬走的楚国重器"九龙之钟"，用一把大火烧掉了楚国的粮库"高府"。更为夸张的是，吴王阖闾为了满足私欲，同时也是为了羞辱楚国君臣，竟下令"以班处宫"（《左传·定公四年》），他自己进入楚昭王的宫殿，"尽妻其后宫"，尽情享乐。孙武、伍子胥、伯嚭等主要将领也分别入据了楚国大臣子常、司马戌之府邸，尽占其财宝，奸淫其妻女。当然，这中间折腾得最凶悍、最狠毒的，当是那位伍子胥，他率兵掘开了楚平王的坟墓，鞭尸三百，并"左足践其腹，右手抉其目"（《吴越春秋》卷二），大骂平王以泄愤恨。别人批评他这么做，显然太过分，过于歹毒，可是，伍子胥却完全让强烈的仇恨蒙蔽了自己的理智，根本不为所动，予以严词拒绝，并厚颜无耻地公开声称自己业已"日暮途穷"，因此只能是"倒行逆施"，不能不冒天下之大不韪。

　　吴军败坏军纪、大肆纵暴的丑恶行径，完全突破了政治与道德的底线，根本不遵守任何游戏规则，因此，激起了楚国广大民众的极大愤慨，他们纷纷自发地组织起来，"奋臂而为之斗"，"各致其死"（《淮南子·泰族训》），强烈地反抗吴军的蹂躏，决心将吴国侵略者逐出国土。这正如清代高士奇所说的那样，阖闾破楚入郢之后，趾高气扬，忘乎所以，肆无忌惮，利令智昏，"仁义不施，宣淫穷毒，楚虽挠败，父兄子弟怨吴入于骨髓，争起而逐之"（《左传纪事本末》卷五十）。如此一来，三万之众的吴军，其实是陷入了楚地人民战争的汪洋大海之中了！这正如英国军事学家富勒所言："战争中野蛮的行为是不划算的，不要使你的敌人陷入绝望，尽管你会赢得战争，但是这样会拖延战争，造成财产和人员的更大伤亡，这本质上来说对你是不利的。"①

吴军的暴行，也给自身的"国际"形象带来严重的损害。阖闾等人放纵吴军对郢都极尽其蹂躏破坏之能事，为春秋以来战胜国对战败国处置上殊属罕见的现象，彻底背弃了"又能舍服"的"军礼"传统，这是当时"国际"社会所绝对无法容忍、绝对不能接受的。换言之，一些国家再也不敢继续欣赏吴国的"大国崛起"神话了，反而因领教吴国的疯狂作为而不胜震撼，惊恐万状，它们开始同情楚国的遭遇，并向吴国施以政治、军事等方面的压力，进行形式多样的干预。就在这样的背景之下，发生了所谓的申包胥痛哭秦庭，乞得秦国出兵援救楚国的事件。

申包胥痛哭秦庭乞师一事，在《左传·定公四年》中有具体生动的记载，大致情况如下：申包胥是楚国大夫，曾与伍子胥为

同僚，也称得上是朋友。当年伍子胥曾发誓要千方百计颠覆楚国为自己的父兄报仇雪恨，申包胥对他说："勉之！子能覆之，我必能兴之！"（《左传·定公四年》）此时此刻，该轮到这位申包胥闪亮登场了。他于郢都沦陷之前，遵奉楚昭王之命，匆匆忙忙赶赴秦国都城求援。在秦国朝廷上，他向秦哀公进言："吴为封豕长蛇，以荐食上国，虐始于楚。"并进而强调指出：吴国的贪欲是个无底洞，是永远不会满足的，在攻灭楚国之后，一定会食髓知味，转而对付秦国，迟早会成为秦国的心腹大患，所以，不如趁其还没有十分强大之时，秦、楚两国携手合作，共破吴师，以永绝后患！

秦哀公在开始时，对是否采纳申包胥的建议，多少有些踌躇犹豫、举棋不定，态度比较暧昧，"寡人闻命矣！请您姑且先到宾馆安歇，且容我们君臣从长计议后，再告诉您相关结果"。但经不起申包胥一口水都不喝，立于秦庭七天七夜倚墙痛哭，秦哀公终于完全被折服了。他大为感慨，喟叹不已："楚虽暴虐无道，但拥有申包胥这样忠心耿耿、舍身为国的臣子，难道会最终被亡国吗？"遂赋《诗经·秦风·无衣》诗，以表明自己联楚抗吴的坚定意志与卓然决心："岂曰无衣，与子同袍，王于兴师，修我戈矛，与子同仇！"并且委派将领子蒲、子虎统率兵车500辆援救楚国。千方百计说服秦国出兵驰援，是楚国外交上的一大胜利，它足以使整个吴、楚战争的形势发生极其重大的转折。

当然，申包胥哭秦乞师的故事本身，似乎是有史官与文人的杜撰与比附成分在里面，这是将历史的真实演绎为戏剧化了。众所周知，秦、楚两国在春秋时期的大部分时间里，存在着某种战略同盟的事实，具体地说，自崤之战以来，"秦晋之好"遂成为绝唱，秦与晋这曾经为哥俩好的合作伙伴，反目成仇，恩断义绝，两国之间先后多次激烈互怼，兵戎相见。敌人的敌人，那就是自己的朋友，为了给晋国添堵，秦国放低身段，主动去亲近楚国。当下楚国遭难，秦国自然有唇亡齿寒、兔死狐悲之感，因此，出兵援救楚国，乃是秦国合乎逻辑的战略选择，有某种必然性，这实际上与申包胥是否哀哭没有关系，而是它一定会做的事情。

秦国的救兵进入楚境后，即与那里残存的楚军会师，尔后相互配合协同，对吴军发动猛烈的反攻。由于吴军此时已经陷入政治、军事、外交上的被动，全军将士又因骤胜而骄，丧失了以往那种英勇善战的锐气，因此在交战中连连失利，先后兵败沂（今河南正阳）、军祥（今湖北随县西南）、雍澨、公壻之谿（今湖北襄樊东）等地区，损兵折将，伤亡惨重。福无双至，祸不单行，宿敌越国此时也没有消停，它浑水摸鱼，趁火打劫，乘吴国大军陷身在楚，国内兵力空虚之际，闪击偷袭吴国，这样，就更加重了吴国的困难。

政治、军事上的不利，也大大催化了吴军内部的矛盾，使得其内讧迭起，夫概因沂地之败而受到阖闾的痛责，一气之下潜回了吴国，一不做，二不休，干脆自立为吴王，与阖闾分庭抗礼。

阖闾得悉后院起火的噩耗，方寸大乱，忧心如焚，再也无心与秦、楚联军恋战，匆匆忙忙带着一部分精锐之师先期赶返吴国。经过一场自相残杀，阖闾终于击败夫概，保住了自己国王的宝座。夫概穷途末路，逃奔到楚国以寻求庇护，后来被楚国册封为堂谿氏。

孙武、伍子胥等人率领部分吴军继续在楚地与秦、楚联军对峙和周旋，可是吴军此时已是"强弩之末"，处境已越来越变得不利，军心涣散，补给不济，实在到了难以为继的地步。伍子胥不甘心失利，希望再咬咬牙坚持下去，可是孙武毕竟懂得"兵贵速胜"这层道理，视野、见识要优于其友人伍子胥，所以努力说服伍子胥，指出："我们身为吴王的将军，率领吴军西破强楚，赶走了楚昭王，你也挖了楚平王的坟墓，鞭尸报了大仇，也该知足了，现在是到退兵回国的时候了。"他的苦口婆心，终于说动了朋友，遂一起统率吴军撤离郢都返回吴地。

这样，整个破楚入郢之战至此终于画上了一个句号。

其实，此战的当事人之一孙武在事后对吴军入郢之后的举措，也是做过深刻的自我反省的。这在其日后修改定稿的《孙子兵法》一书中多多少少留下了痕迹。其中《火攻篇》中有这样一段文字："凡战胜攻取，而不修其功者，凶。命曰费留。"意思是说：凡是打了胜仗，攻取了土地城邑，而不能修道保法、巩固胜利成果的，就必定会有祸患，这种情况就叫作财耗师老的"费留"。这很显然是孙武对于吴军破楚入郢之后，骤胜而骄，漫无节制，"不修其功"，导致失败这一教训的深刻检讨。不回避过错，勇于总结经验教训，不断探索，在实践中提高自己的理论水平，这是孙武的人格魅力所在，也是真正意义上的伟人襟度。

此后，吴国继续对楚国施加军事上的压力。公元前504年，吴王阖闾派遣伍子胥等人率领陆师，公子终累率领舟师再一次出兵攻打楚国，在繁扬（今河南新蔡一带）击败了楚国司马子期所率的陆师，又俘虏了楚国舟师的统帅潘子臣、小惟子以及大夫七人。"楚国大惕，惧亡。"（《左传•定公六年》）为避开吴国的兵锋，楚国君臣遂将国都一度迁徙到了都（今湖北宜城东南）。这充分表明了，楚国虽然依赖外援得以侥幸复国，但是毕竟元气大伤，在短暂的时间内，已经无法对吴国构成重大的战略威胁了。当然，"瘦死的骆驼比马大"，"百足之虫，死而不僵"，楚国终究是一个大国，典型的庞然大物，还是很有希望恢复元气，重新回归到一流强国的行列的。

四、形格势禁：柏举之战所呈示的兵学魅力

柏举之战是春秋晚期一次规模宏大、战法灵活、特色鲜明、影响深远的大战。吴军在阖闾、夫概、伍子胥、孙武、伯嚭等人的指挥下，灵活机动，因敌用兵，以迂回奔袭、后退疲敌、寻机决战、深远追击等战法，一举战胜多年来的强劲敌手楚国，给长期称雄、一度不可一世的楚国以十分沉重的打击，从而在很大的程度上改变了春秋晚期的整个战略格局，为吴国的进一步崛起，进而争霸中原奠定了坚实的基础。换言之，吴国能在日后"北威齐晋"，"西破强楚，入郢"乃十分关键的一步。

柏举之战在中国古代战争发展史上也具有里程碑式的重大意义。它一改以往战争"结日定地，各居一面，鸣鼓而战，不相诈"（《公羊传解诂》隐公十年），堂堂正正交锋，一战即见胜负（如城濮之战、鞌之战等等）的传统模式，而突出地体现了"兵以诈立""上兵伐谋""避实击虚""示形动敌""攻其无备，出其不意""致人而不致于人"，示假隐真、大创聚歼、连续作战、运动歼敌、灵活机动、出奇制胜的崭新特点，成为古代战争史上一次革命性的飞跃。从这个意义上说，柏举之战也是兵圣孙武兵学理论的一次最好实践，他的一些基本军事原则与指导思想在此战中得到充分的检验而大放异彩，如"兵者诡道""兵闻拙速""因敌

制胜""造势任势"等等，均在这场战争中获得了最大限度的运用，并取得完全的成功！

吴军的取胜，首先是其修明政治、健全制度、发展生产、扩充军备、任用贤能、集思广益的结果；其次也是其能够审时度势，善于"伐谋"，做好外交，积极争取晋国的支持和唐、蔡两国协助以及齐、鲁、宋、郑诸国中立的产物；最后，也是更为重要的一点，在于其战略指导上的正确和作战指挥上的高明。也即：（1）采取疲楚误楚的正确策略方针，使得楚军左支右绌、疲于奔命，并且放松了警惕、松懈了戒备；（2）权衡利弊得失，正确地选择有利的进攻突破方向，"以迂为直"，兵贵神速，乘隙蹈虚，实施远距离的战略奇袭，迫使楚军在十分被动的情况下仓促应战；（3）"胜兵先胜而后求战"，坚决把握住有利的战略决战时机，先发制人，勇猛突击，在柏举地区一举击败楚军的主力，夺取了关键性会战的胜利；（4）适时地进行战略追击，一鼓作气，尽敌为上，发扬不怕牺牲、连续作战的顽强作风，不给楚军以任何重整旗鼓、展开反击的机会，最终顺利地实现了破楚入郢的既定战略目标。值得特别予以注意的是，吴军坚持了行动上的集中兵力这个重要原则，并且将它贯穿于整个柏举之战的行动过程之中。在当时，吴军至少在兵力对比上是严重弱于对手楚军的，大约是三万对二十万，明显处于劣势地位。如果按照"攻则不足，守则有余"这个进攻与防御的兵力关系比例，那么，这种劣势就更明显了。但是，吴军统帅部在整体力量弱于对手的情况下，也能通过高明的部署与指挥，在一定的区域范围之内集中兵力，形成对敌手的局部优势，所谓"故形人而我无形，则我专而敌分；我专为一，敌分为十，是以十攻其一也"（《孙子兵法·虚实篇》）。这恰如伟大的普鲁士军事学大师克劳塞维茨所说的："即使不能取得绝对优势，也要巧妙地使用军队，以便在决定性地点上造成相对的优势。亦正如恺撒《高卢战记》所言：为了避免在同一时期跟敌人庞大的兵力作战，设法把敌人的军队分开，是一件极为重要的事情。"①

而所有这一切归纳起来，其实也就是一条最高的作战指挥指导原则，整个柏举之战，战场上的主动权自始至终都为吴军所掌控，吴军真正做到了"致人而不致于人"，即善于调动敌人而不被敌人所调动。众所周知，这一原则乃是兵家制胜之道的灵魂："（兵法）千章万句，不出乎'致人而不致于人'而已。"（《唐太宗李卫公问对》卷中）当代毛泽东亦云：主动权就是军队行动的自由权，是军队的生命线，它概括起来，也就八个字："你打你的，我打我的"。

---

① ［德］克劳塞维茨.战争论.北京：解放军出版社，2012：197.

西方众多军事学家同样也将夺取和掌握主动权问题视为克敌制胜的关键所在，这在博福尔《战略入门》中称为"行动自由"而获得的"主动"："选择最好的手段，也许就是战略的最重要任务。这种选择的范围非常广泛，从心理的暗示起，到物质的毁灭止。战略使人能应付困难的局面，并且常能使力量薄弱的一方转为胜利者。在这种选择中，以及在尔后的作战指导中，其'试金石'都是行动自由。战略的实质就是对行动自由的争夺。所以战略的基础就是确保自己的行动自由（通过奇袭或主动进攻）。"[①] "在这个对抗行动中，问题并不仅是抵挡敌人的攻击，必须一方面阻止敌人获得主动，另一方面尽量发挥自己的主动性，一直到决定已经达成时为止。"[②] 这一点，吴军做到了，因此，其取胜乃是合乎逻辑、十分正常的结果。

楚军的失败，同样有其必然性。其政治上、外交上处于下风、被动失败的主要原因，乃在于其政治腐败、内部动乱、将帅不和、君臣离心、四面树敌、自陷孤立。而从军事角度看，则在于其昧于形势，疏于戒备，妄自尊大，招致奇袭；在于其指挥笨拙，消极被动，未能主动灵活、因敌变化制定正确的积极防御方针；在于其主将贪鄙无能，私心自用，临战乏术；在于其轻率决

---

① ［法］博福尔.战略入门.北京：军事科学出版社，1989：138.

② 同①139.

战，一败即溃，斗志消沉，在退却的过程中，惊慌失措，望风披靡，不能组织与实施迟滞对手追逐的阻击战斗。

如果从更深的层次加以考察，我们认为，楚军在柏举之战及后续战斗中的惨败，与其在柏举主力会战失利后，全军上下的精神崩溃直接有关。众所周知，军事力量的最核心要素，不是物质层面的，而是精神层面的，一支军队战斗意志坚强与否，精神风貌是激扬高昂还是萎靡不振，这直接关系到战斗力的高下，从根本上决定着战争的胜负归属。孙子有云："三军可夺气，将军可夺心！"（《孙子兵法·军争篇》）

西方的克劳塞维茨在这方面也有大量的论述，他说："战争是双方精神力量和物质力量通过物质力量进行的一种较量，不言而喻，在这里不能忽视精神力量，因为正是精神状态对军事力量具有决定性的影响。"[1]"物质的原因和结果不过是刀柄，精神的原因和结果才是贵重的金属，才是真正的锋利的刀刃。"[2]"任何战斗都是双方物质力量和精神力量以流血的方式和破坏的方式进行的较量。最后谁在这两方面剩下的力量最多，谁就是胜利者。在战斗的过程中，精神力量的损失是决定胜负的主要原因。……因此，使敌人精神力量遭受损失也是摧毁敌人物质力量从而获得利益的

---

① ［德］克劳塞维茨.战争论：101.

② 同①179.

一种手段。"①博福尔在《战略入门》中也说:"要想解决问题,必须首先创造、继而利用一种情况使敌人的精神大大崩溃,足以使它接受我们想要强加于它的条件。"②为此,英国战略学家富勒一再强调,军事胜利的根本标志,乃在精神上彻底地击垮对手,而非其他:"战略的目的是以武力而不是以文字来维护一种政治主张。这通常以作战来实现,其真正的目的不是摧毁物质力量,而是在精神上压倒敌人。"③楚军之所以在柏举主力会战失败后,望风披靡、一溃千里,其主要原因,无疑是因为楚军上下完全丧失了战斗的意志与欲望,精神上已经彻底崩溃了,这与公元383年的晋、前秦淝水之战中前秦部队所患的病症是一样的:草木皆兵,风声鹤唳,以至于狼奔豕突、丢盔弃甲、一败涂地而不可收拾了!

当然,今天从科学地总结战争历史经验与教训的角度来看,我们也可以这么说,在整个柏举之战中和吴军胜利入郢之后,吴国方面也有一定的失策之处,留下某些败笔,尤其是在占领郢都后曾犯有相当严重的错误,以致在很大的程度上损害了军事上的胜利成果。

---

① [德]克劳塞维茨.战争论:246.

② [法]博福尔.战略入门:8.

③ [英]富勒.装甲战.北京:解放军出版社,2016:53.

　　这具体表现为两点：

　　第一，吴军在五战五胜、成功入郢的过程中，未能彻底歼灭敌人的有生力量。我们知道，消灭敌人的有生力量，历来就是战争中的基本着眼点，"消灭敌人，保存自己"，消灭敌人为主，所达成的是积极的目的，保存自己为辅，所达成的是消极的目的。这一点，古今中外，概莫例外，因此，普鲁士杰出军事学家克劳塞维茨曾一再强调："在战斗中，一切活动都是为了消灭敌人，或者更准确地说，是为了使敌人失去战斗能力，这一点是战斗这个概念所固有的。所以说，消灭敌人军队始终是达到战斗目的的手段。"[1] "在任何情况下，结局都是以消灭敌人军队已毫无疑问为前提的。因此消灭敌人军队是一切军事行动的基础，是一切行动最基本的支柱，一切行动建立在消灭敌人军队这个基础上，就好像拱门建立在石柱上一样。……因此，消灭敌人军队始终是一种比其他一切手段更为优秀、更为有效的手段。"[2] 毛泽东也始终认为，战争行动的根本宗旨，概括起来，也就寥寥八个字："消灭敌人，保存自己！"

　　然而，吴军在几次关键性的战斗中，例如，柏举会战、清发水之役、雍澨之役等等，虽然多次击溃楚军，给对手以重创，但

---

①　［德］克劳塞维茨.战争论：40.

②　同①43-44.

却未能做到全歼其有生力量，这样一来，就使得楚国的残兵败将能够在惊魂甫定之后，重新聚集起来，成为日后进行战略反攻的基本力量。一等到秦国出兵援助，条件大致成熟，即卷土重来、死灰复燃，对吴军进行反扑。而吴军之所以存在这一不足，恐怕与其某些战术运用得不尽恰当与合适有关。有的论者对此指出，在清发水追击战中，吴军如果能另外选择渡河地点，迅速渡河，作平行追击或超越追击，则楚军的损失将更为惨重，崩溃也将更为迅速①，当然，这一推论还应当考虑到当时的道路行军条件是否真正具备这一点。另外，在争取晋国等大国做更加主动积极的配合策应方面，吴国方面似乎也不曾采取强而有力的措施，未能够更好地借助于晋、吴两国战略同盟所带来的优势。

第二，如前所述，入郢之后，阖闾君臣没能保持清醒的头脑，在政治、军事的相关举措上有严重的失误，从而给保持和扩大胜利成果笼罩上浓重的阴影，致使吴国与战略上的全胜结果失之交臂。吴军入据郢都，前后有将近一年的时间。在这段时间里，吴军决策集团没有关照全局的战略眼光，不能够把握分寸，见好就收，而是被眼前暂时的胜利冲昏了头脑，结果，当然不可能美妙，只能是屡出昏招，不断犯错，把一手好牌完全打烂。尤其是

---

① 中国军事史：第2卷. 北京：解放军出版社，1986：78.

阖闾、伍子胥、伯嚭等人，只顾"寻欢""报仇"，既没能发挥"宜将剩勇追穷寇"、痛打落水狗的精神，制定及时追击与扫荡楚国残兵败将的计划与方案，又极大地消磨和影响了全军上下的斗志与士气，即所谓"朝气锐，昼气惰，暮气归"（《孙子兵法·军争篇》），更造成了政治、外交等多个方面的颠覆性被动，终于在秦、楚联军的反攻夹击和越国出兵侵袭吴国的情况下，被迫放弃费尽辛苦才得以攻占的郢都，灰头土脸地退师回本土，饱尝了转胜为败的苦果，上演了阴沟里翻船的大戏！

不过，柏举之战毕竟给当时天下的第二大国楚国以十分沉重的打击，基本上决定了吴、楚争霸战争的胜负归属问题。经过这场决定性的战争，吴、楚两国之间长达80余年的战事基本平息，吴国全面崛起，从此不再将楚国视为自己主要的竞争对手，转而与越、齐、晋诸国去较一日之长，争夺天下霸权了，也即其战略的重心将由"西破强楚"，合乎逻辑地转变为"南服越人"并进而"北威齐、晋"了。春秋时期的历史，也由此而进入了吴、越长期争战、生死相搏的新阶段。

第五章　争霸，抑或兼并？吴国战略选择上的纠结

一、如法炮制：楚国与越国的利益勾连

"图虚名而取实祸"，这是战略决策与实施上的最大败笔。法国军事学者博福尔曾经指出："战略的目的就是对于所能动用的资源作最好的利用，以达到政策所拟定的目标。"[①] 显而易见，战略决策是否高明，战略实施是否适宜，不在于形式，而在于实质；不在于光鲜亮丽的虚荣，而在于具体切实的成效；不在于一时的得失，而在于久远的利益。对战略决策者而言，他的主要职责就是把握时代的脉搏，认清历史的趋势，掌控竞逐的大局，实现自己战略利益的最大化，用普鲁士军事学家克劳塞维茨的话说，就是"对统帅来说，正确而准确的眼力比诡诈更为必要，更为有用"，"要想不断地战胜意外事件，必须具有两种特性：一是在这

---

① ［法］博福尔. 战略入门：6.

种茫茫的黑暗中仍能发出内在的微光以照亮真理的智力。二是敢于跟随这种微光前进的勇气"。然而，问题的诡异恰恰就在于，当人们越是强调什么的时候，正好说明实际生活中最缺乏的是什么。纵观历史上的尘封往事，战略决策者昧于战略形势，追逐虚幻的荣耀，干买椟还珠的蠢事，走南辕北辙的死路，获事与愿违的结局，更是习惯性的常态，普遍性的悲剧，这就是所谓的"图一时之虚名，取万劫之实祸"！

春秋后期，吴王夫差倾举国之力，好大喜功，穷兵黩武，北进中原，与当时的天下老大、诸侯领袖晋国角逐中原霸主的大位，上演"黄池争霸"这一幕活剧，导致后院起火，越人偷袭得手，吴国从此转盛为衰，一蹶不振，可谓是历史上利令智昏、图虚名而取实祸的史证之一，实具有典型的意义。

晋楚争霸，是整个春秋大国争霸历史的一条主线，春秋后期的吴楚战争与吴越战争，从某种程度上来说，乃是晋楚之争的延长赛，也可以看成是晋楚两大中原霸主的代理人战争。当然，这种大国的幕后操纵，还是外因。就内因而言，吴楚战争，是吴国迅速崛起过程中、与江淮汉水流域的守成大国楚国发生利益冲突的自然产物，是新生吴国企图取代楚国、成为主宰江淮地区新势力的一种结构性矛盾的大爆发。这个角逐，以公元前506年的柏举之战，吴军以秋风扫落叶之势"五战入郢"，大获全胜而暂时画上了阶段性的分号，楚国后来虽然在同盟国秦军的支持下收复郢都，但毕竟元气大伤，不得不在大国争霸中采取守势。

同样的道理，吴越战争也是更后进的越国，随着实力的增长，而要北上跨越钱塘江，与太湖流域的老地主吴国一争高下，希望"总把新桃换旧符"，成为东南地区新的发号施令者。具体地说，越国在春秋中期以前几乎湮没无闻，它第一次见诸严肃典籍的记载是在《左传·宣公八年》"盟吴、越而还"。但是到了春秋后期，越国进入了骤然勃兴的快车道。据《国语·越语》的记载，在越王允常和其子勾践统治期间，越国的综合实力有了全面的提升，其疆域已包括南至于句无（今浙江诸暨市），北至于御儿（今浙江桐乡市崇德镇东南），东至于鄞（今浙江宁波市），西至于姑蔑（今浙江衢州市），纵横数百里，成为南方地区仅次于楚国和吴国的地区大国。春秋时期的时代命题既然是争霸，越国当然无法免俗。所以随着国势的蒸蒸日上，允常和勾践也想照着猫咪画老虎，学中原诸国的样，循序渐进争霸中原。然而，越国的北面是比它出道更早的强大吴国，越国要北上，首先要突破吴国的这道障碍，这就势必会诱发两国经济、政治、军事利益上的尖锐冲突，出现"争三江五湖之利"的局面。这就是吴越战争无法避免的内在根源。

再回到外因，晋楚争霸，各自争取战略奥援与合作，毫无疑义是吴越战争爆发的重要推手。前面我们说过，两强相争，晋国稍有优势，楚国略处下风，基本上可以说是势均力敌，形成胶着状态，进入对峙局面。两国都难以独立打破僵局，于是乎各自寻求与国，以利霸业的发展，达成既定的战略目标。

晋国在这方面率先着鞭，采取"联吴制楚"的方略，拉拢吴国从侧后骚扰进攻楚国，置楚国于顾此失彼、左支右绌、捉襟见肘、疲于奔命的两线作战困境。楚国为了扭转和改变这种被动不利的战略态势，遂依样画葫芦，如法炮制，利用於越和句吴争夺江湖河泽之利、各自拓展疆域的深层次矛盾，煽风点火，积极争取和扶植越国，蛊惑它从侧后威胁和骚扰吴国，以减轻吴国对楚的压力。不仅如此，楚国还从人力与物力方面添加赌注，狠下血本。辅佐越王勾践成就灭吴大业的最重要功臣范蠡和文种，其实都是楚国人士（范蠡为楚宛地人，文种为楚郢都人），他们千里迢迢，跋山涉水到越国为臣，为越国战胜吴国而殚精竭虑，呕心沥血，很有可能是带着任务来的，不能排除其秉承楚国朝廷的旨意而行事的背景。而野心勃勃、热衷于事业崛起，梦想着弯道超车的越国，正需要有荆楚这样的大国支持，来为自己背书。于是，双方你情我愿，一拍即合，出于各自的利益考量而联合起来，构成了实质上相对稳定的战略同盟关系。这样一来，吴越战争就因为十分复杂的国际背景因素的深度介入，而日趋激烈，双方都视对方为自己的主要敌手。到了吴楚柏举之战后，吴、越两国间愈演愈烈的军事冲突，更进一步发展成为主导当时天下战略格局的全面战争。

二、魂断槜李：阖闾见识了后浪的厉害

公元前506年吴、楚柏举之战以后，南方首屈一指的强国荆楚受到重创，威风扫地，已经不复成为吴国的主要对手，在这样的背景之下，适时地进行战略重心的转移，业已是吴国统治者的当务之急。在当时的战略局势下，新兴的吴国要谋求进一步的发展与壮大，就必须在南服越人与北威齐、晋两个方向中做出正确的选择，区别主次先后，轻重缓急，循序渐进，以避免四面受敌，两线作战，陷于战略上的被动地位。

在吴国君臣中，伍子胥、孙武等人属于坚定的南进派。伍子胥认为，齐、鲁等国对吴国来说，不过是无足轻重的"疥癣"之疾："夫齐、鲁譬诸疾，疥癣也。岂能涉江、淮而与我争此地哉！"（《国语·吴语》）至于晋国，是天下诸侯公认的领袖，更是吴国的恩主与盟友，与它反目成仇，兵戎相见，属于忘恩负义、恩将仇报、背信弃义、过河拆桥的行径，吴国在道义上将付出难以承受的代价。为此，他们坚决反对吴国用兵北方。反之，越国则是楚国的坚定盟友，长期以来同吴国针尖对麦芒，国势蒸蒸日上，

兵锋咄咄逼人，乃吴国的"仇雠敌战之国"，真正的心腹之患，吴国只有先彻底地打垮越国，方能够国基永固，霸业有成。

阖闾及其继位者夫差实际上是北上派。他们见宿敌强楚已被自己揍得鼻青脸肿，元气大伤，不免忘乎所以，得意忘形，趾高气扬，意气风发，滋生出引兵北进中原，与齐、晋等老牌霸主一决雌雄的雄心壮志，也完全忘记了吴国之所以能够顺利崛起，原本离不开天下霸主晋国多年来的悉心关照、鼎力扶持。饮水不忘掘井人，本该投桃报李，即俗语所谓受人滴水之恩，自当涌泉相报。可是国与国关系上的基本逻辑，是没有永恒的朋友，也没有一成不变的敌人，有的只有永远的利益。为了使自己的"霸主春秋大梦"梦想成真，这时也就顾不得什么盟友不盟友了，所谓风水轮流转，好事到我家！阖闾和夫差如此考虑问题，亦是其深受霸权迭兴时代传统观念的影响之自然产物，他们始终把在盟会上手执牛耳、率先歃血、充当"霸主"，以取得众多诸侯的拥戴和依附为自己所追求的最高荣耀，即所谓的"大志"。因此，千方百计摆脱自己身上的蛮夷印戳，挥师北进中原，称霸号令诸侯，最终气宇轩昂、神气活现地站在天下舞台的中心，也就是他们人生奋斗的主要动力与终极目标。

应该说，这种思维是落后于现实形势的，是昧于对历史趋势走向的战略失误，因为他们都没有意识到，战争的性质到他们所处的历史阶段，已开始发生本质性的改变，即由春秋时期的以"争霸"为宗旨，逐渐地向战国时代的以"兼并"为鹄的过渡，做"霸主"固然风光无限，荣耀辉煌，赚足面子，但是，其实早已是银样镴枪头、口惠而实不至了，纯属是玩虚的，《韩非子》有云："上古竞于道德，中世逐于智谋，当今争于气力"，在这个"中古"与"当今"相交替的新的时代，尽可能多地占有地盘，尽可能多地控制人口资源，那才是真正的"王道"，那才是最大的硬道理。显而易见，阖闾和夫差这对父子，其战略决策的逻辑起点就完全偏离了正确的方向，他们的身子是进入了新时代，可是非常不幸的是，他们的脑袋却还留在了旧世界，这样一来，他们的战略预判与战略选择，当然不能不发生严重的偏差与错误，他们的种种努力，也难免会劳而无功，南辕北辙，甚至于鸡飞蛋打，贻笑天下。

然而只是由于越国近在咫尺，并且吃了熊心豹子胆，时不时地配合楚国从事骚扰进犯，阖闾、夫差等人担忧其得寸进尺，乘虚偷袭，变生肘腋，他们才不得已而采纳了伍子胥、孙武等人的战略方针，先将矛头指向越国。可是，双方在战略方针上的重大内在分歧并未得到真正的化解，而仅仅是被暂时地掩盖了起来，因此，在一定的条件之下，这种深层次的矛盾迟早还是要激化的，这一点，是不以当事者的良好主观愿望为转移的，这也就是造成日后吴国在其战略主攻方向的选择上，几度摇摆不定、曲折变化的根源之所在。

受具体时局与各种各样条件的制约，吴国君臣在破楚入郢之后的战略主攻新方向的问题上暂时实现了妥协，取得了一致。于是乎，吴国全国上下即以此为基础，展开了旷日持久的吴越战争，致力于积极实现"南服越人"的战略目标。

吴、越两国之间的小规模武装冲突自吴王余祭在位期间即已开始，公元前547年爆发的战事是现在所能见到的最早记载。那一年，吴王余祭因愤恨越国趁火打劫，助楚伐吴，遂兴起大军，攻打越国，以消除后顾之忧。越国力弱不支，尽落下风，大批将士为吴军所俘虏，许多财物被劫掠。吴军取胜之后，对越军战俘大肆报复，施以非刑，割断他们的脚筋，使之成为阍人，派往守卫吴军在江上的战船。吴军的残暴酷虐，效果是适得其反，引起了越军战俘们的极大愤慨，他们豁出去了，以牙还牙，趁吴军放松警惕、松懈不备，一举刺杀了吴王余祭。冤冤相报，仇恨入心，吴军干脆一不做，二不休，大开杀戒，将大批越军俘虏屠戮殆尽，从而进一步加深了两国间的仇恨，双方遂成为你死我活的"仇雠敌战之国"。

此后，双方多有交锋，你来我往，一直不愿意消停下来。每当吴、楚战事频繁、激烈之际，越国总是主动策应楚国以牵制吴国，从其侧后插刀，成为吴国的肘腋大患，由此而导致了一系列的喋血厮杀。例如，公元前510年，吴王阖闾为了争取若干年全力经营破楚大业的宝贵时间，毅然决然决定先发制人，主动出击，攻伐越国，吴军兵锋锐利，顺利突入越国境内，将越军杀得一败涂地，溃不成军，并趁机侵占了越国的不少地盘，使越国遭受到很没有面子的一次重创，同时也大大加深了两国间的仇视心理。又如，公元前505年，越王允常趁吴军主力远征楚国，羁留郢都，国内空虚之际，浑水摸鱼，趁火打劫，率兵侵入吴国境内，还一度逼近了吴国的都城姑苏。吴王阖闾不得不仓促派兵回救，才将侵略者赶出国境。是役越军虽然只是扮演打酱油的角色，并没有太多的实际收获，但是却大大干扰和牵制了吴军在楚地的活动，在很大程度上分散了其控制郢都的兵力，使吴军陷入顾此失彼、左支右绌的战略窘境。

就以上的情况来看，当时越国的实力虽然还不是十分强大，与吴国相比，并不在一个档次上，故时人有"小越而大吴"（《越绝书》卷一）之称，越国尚不足以对国势如日中天的吴国构成十分严重的威胁，但是，它的崛起和战略动态，毫无疑问已经对吴国产生了不可小觑的压力，在相当的程度上干扰、影响了吴国争霸天下全局战略的实施与落实。因此，吴、越两国间的矛盾是深层次的，是结构性的，也是无法加以调和与化解的，并且将随着形势的发展，进一步趋于激化，与之相关联的军事冲突也必将会层出不穷、愈演愈烈。这是不以人们的主观意志为转移的。对这一点，吴国阖闾君臣还是头脑冷静，有相当清醒的认识的。他们一直把越国看成是吴国争夺霸业道路上的一个潜在的劲敌，一个巨大的障碍。例如，兵圣孙武就在其兵学著作《孙子兵法》中两次提到了越国："越人之兵虽多，亦奚益于胜败哉！"（《孙子兵法·虚实篇》）"夫吴人与越人相恶也。"（《孙子兵法·九地篇》）可见，吴国方面始终是将越国视为自己作战上的假想敌的。而吴王阖闾在委派伍子胥负责整饬修筑姑苏大城之时，也高度注重对越国的防御："越在东南，故立蛇门以制敌国"。并且将东面的城门全部阻塞不开，使越军不易攻入，顿兵挫锐于姑苏坚城之下，所谓"不开东面者，欲以绝越明也"（《吴越春秋·阖闾内传》）。所有这些情况，均充分地表明了，越国在春秋中后期兴起的趋势正日益显著，不可逆转，并且已经使得吴国若芒刺在背，深切地感受到了战略上来自越国的严重威胁。

柏举之战后，吴、越之间的角逐争雄更进入了新的阶段。公元前506年至公元前496年这约十年的时间，吴国"南服越人"战略的实施，主要表现为战前的准备活动：先后筑"武城""筑二城"，以加强自身的防御，同时也加紧训练军队，改良武器装备，以进一步增强实力，准备伺机征伐越国。

公元前496年，越王允常去世，其子勾践继立。吴王阖闾认为勾践年轻新立，根基不稳，这正是吴国报九年之前越人伐吴之仇，进击越国的战略上之大好良机，于是便决定大举兴师，进击越国。老臣伍子胥虽然坚定主张南进，汲汲以破越为首要任务，但却认为吴军不宜违背"不加丧，不因凶"的传统规则，乘敌国新丧之际出兵攻打，以致在道义上与政治上陷入被动，就竭力谏阻阖闾切不可盲动，操之过急："越虽袭吴，方有大丧，不应攻伐"，可是，刚愎自用又头脑发热的阖闾哪里能够听得进去。

吴王阖闾趾高气扬、踌躇满志地统率吴军蜂拥挺进吴越边境。殊不料，越王勾践虽然年轻，但却是一个狠角色，他闻报吴军大举来犯，丝毫没有任何畏惧，也亲领越军主力北上进行抵御。双方的军队相遇于两国边界地区的檇李（今浙江嘉兴一带），吴越之间第一场大战就这样爆发了。

战斗伊始，越王勾践先发制人，选拔勇士，组成两支敢死队，率先向吴军军阵发动攻击。然而，经过柏举之战洗礼的吴军岂是软柿子，它斗志旺盛，训练有素，沉着冷静，实施坚强的防御，挫败了越军敢死队的轮番冲锋，而己方的阵型岿然不动，"浑浑沌沌，形圆而不可败也"，"其徐如林""不动如山"，完整坚固如初。

勾践见初战失利，并不气馁，他身上那股与生俱来的残忍狠毒反而因此而被激发，遂生吞活剥，依样画葫芦，使用阖闾在吴楚鸡父之战中曾经行施过的战法，驱使军中犯了军法的"罪徒"整齐地排成三行，列于军阵之前。正在吴军见状困惑不解之时，这些罪犯将利剑放在自己的脖子上，同时向着吴军军阵大声地高呼："二君有治，臣奸旗鼓，不敏于君之行前，不敢逃刑，敢归死！"（《左传·定公十四年》）喊声刚落，他们就挥剑自刎身亡，血溅大地。吴军将士看着这惊心动魄、匪夷所思的一幕，不禁目瞪口呆，肝胆俱裂，军心震撼，阵脚大乱。

勾践见自己的诡计得逞，忍不住心花怒放，笑逐颜开，当机立断，指挥越军乘机猛烈出击，一举冲垮了吴军的阵形，大破吴军。在这个厮杀肉搏的过程中，越国大夫灵姑浮"余勇可贾"，大发神威，所向披靡，锐不可当，挥戈厮杀到吴王阖闾的跟前，击伤了阖闾的脚趾。至此，吴军丢盔弃甲，大败亏输，全线崩溃，一蹶不振，被迫仓促地撤离战场，退向本国境内。当其退却到距离槜李七里地的陉地时，吴王阖闾因输给初出茅庐的新手勾践而愤懑恼怒，急火攻心，再可能加上因伤口感染引起败血症等原因而终于不治，一命呜呼。临死之前，他再三嘱咐太子夫差牢记这一血海深仇，日后破灭越国，一雪耻辱。至此，这场吴、越长时段争战中的前哨之战槜李之役，也就以越胜吴败而降下了帷幕。

在檇李之战中，越王勾践因敌变化，灵活指挥，贱招尽出，出奇制胜，完全占据了战场上的主动地位，胜得毫无悬念，赢得轻松愉快。而吴军则因为屡胜而骄，吴王阖闾轻敌冒进，疏于戒备，指挥笨拙，胶柱鼓瑟，而彻底陷于被动，败得合情合理，无话可说。当然，最郁闷的还是阖闾本人，他怎么也料想不到会以这样的方式告别人世：阴沟翻船，抱憾终天！

三、投桃报李：夫椒一役勾践满地找牙

吴、越战争中的第二场战事，也是更重要的战事，是两年多后爆发的夫椒之战。

檇李之战不过是吴越长期征战中的一场前哨战，双方更激烈的战斗还在后面，时隔两年之后，更大规模、也更加激烈残酷的夫椒之战揭开了帷幕。

阖闾伤重身亡之前，给太子夫差留下遗言："必毋忘越！"要求夫差不忘勾践的杀父之仇，立志报仇雪恨。夫差继位后，时刻牢记着这一血海深仇，派人站在王庭上，每天警醒自己："夫差！而忘越王之杀而父乎！"自己则高声应答："唯！不敢忘！"（《左传·定公十四年》）

据相关史籍的记载，夫差登基之后，秉承父亲的遗志，致力于操练军队，增加库实，不断壮大军事实力，积极从事战前准

备，以图有朝一日向越国讨还血债，快意恩仇。经过三年时间的不懈努力，吴国府库充实，军力增强，国势如日中天，民众竭诚团结，"归如父母"，同仇敌忾，"唯恐为后""师众同心"（《越绝书》卷九），基本上具备了大举攻伐越国，一决雌雄的各种条件。

可越国方面，这时候所呈现的，则完全是另一种景象，越王勾践因檇李之战的骤然大胜而昏了自己的头脑，滋长出浓厚的骄傲自满情绪。他认为阖闾已死，夫差年轻，缺少历练，"吴不足惧"。于是也重蹈了阖闾在柏举之战后狂妄自大导致兵败檇李的覆辙，荡舟驱车，畋猎游冶，及时行乐，"未盛而骄"（《国语·越语下》），松懈了武备的整治，埋下了夫椒惨败、几近陷入亡国没顶之灾的重大隐患。此时，勾践闻报夫差正在"日夜勒兵，且以报越"（《史记·越王勾践世家》）的消息，方才如梦初醒，终于明白了出来混迟早要还的这个道理，懂得吴国迟早不会轻易放过自己的现实，其内心深处萌生了极大的恐惧，坐卧不宁，寝食难安，心烦意乱。为了摆脱笼罩在自己头上的浓重阴影，躲开厄运，他决心孤注一掷，先发制人，先下手为强，率先对吴国发起了进攻，以求冒险成功，侥幸取胜！

《孙子兵法·形篇》有云："胜兵先胜而后求战，败兵先战而后求胜""胜兵若以镒称铢，败兵若以铢称镒"。越王勾践以无备骄狂之师主动进犯有备严整的强大吴军，本身就纯属冒险盲动之举，所以，一开始就遭到大臣范蠡、文种等人的反对和劝阻："臣闻兵者凶器也，战者逆德也"（《史记·越王勾践世家》），"今君王未盈而溢，未胜而骄，不劳而矜其功……此逆于天而不和于人。王若行之，将妨于国家，靡王躬身"（《国语·越语下》）。可是忠言逆耳利于行，勾践年轻气盛，根本听不进去这些正确的建议，他刚愎自用，一意孤行，坚持出兵伐吴，企图毕其功于一役。

吴王夫差闻报越军主动来犯，当即调集精兵 10 万御敌。两军相遇于吴国境内的夫椒（今江苏苏州西南太湖之畔），"战于五湖"。这一仗打得十分激烈，双方将士从白昼一直厮杀到夜晚，直杀得天地变色，日月无光。吴军在夫差、伍子胥、孙武等人的指挥下，令行禁止，旅进旅退，"以正合，以奇胜"，出动奇兵，高擎火把猛烈攻击越军之两翼，并乘敌混乱之际，夹击越中军主力。越军惊惶"大恐"，斗志尽失，丧魂落魄，被吴军杀得丢盔弃甲，鬼哭狼嚎。勾践见大势已去，遂收拾残兵败将，向南仓皇退却逃跑。吴王夫差下令吴军穷追不舍，尾随而来。

越军在浙江（今钱塘江）边上为吴军所追及，越王勾践势穷力蹙，百般无奈之下，只好强打精神，集中起残剩的兵力摆开阵势，狗急跳墙，作困兽之斗，再次同吴军拼命。可是，此时此刻的吴军，挟新胜之威，士气正十分旺盛，摧枯拉朽，锐不可当。业已成为惊弓之鸟的越军哪里是其对手，一番厮杀下来，勾践既损兵，又折将，没奈何，三十六计走为上计，遂朝自己的老巢都城会稽（今浙江绍兴）方向狼狈逃窜。

越军连战皆负，斗志消沉，军心涣散，再也形不成战斗力了。勾践自知已经无力抵挡吴军的凌厉攻势，便不得不放弃易攻难守的平原地区，带了残剩的 5 000 名甲士，退守到会稽山上的一个小城之中，企图依山凭险，负隅顽抗。夫差指挥吴军勇往直前，乘势攻陷越都，尔后再接再厉，跟踪追击，进逼会稽山麓，将越王勾践及其残部所栖居的小小山城包围得水泄不通。大势尽去的越军被围困在会稽山上，断水绝粮，处境日益恶劣，实际上已濒临于彻底覆灭的边缘。而对吴军来说，此时心定神闲，胜券在握，距离其彻底灭亡越国，夺取最后胜利已只是咫尺之遥了。

四、时空错置：夫差一日纵敌终身为患

可是，"煮熟的鸭子飞了"，这谚语可说得真好，这世上许多事情的进展与结果，总是出乎人们的意料，这也是所谓的"命运"，正如同孟子所言"莫之为而为者，天也；莫之致而至者，命也"（《孟子·万章上》）。夫椒之战的结局就是很好的一个例子。

越王勾践坐困愁城，山穷水尽，然而，其倔强的性格、残忍的气质决定了他绝对不甘心于轻易放弃，束手就擒，而是合乎逻辑要作困兽之斗。他召集左右股肱范蠡、文种等人商议挽救危局之策。范蠡提出了屈辱求和的建议，主张用卑辞厚礼向吴求降，如若不允，就由勾践亲自去吴国做人质，"卑辞尊礼，玩好女乐，尊之以名。如此不已，又身与之市"（《国语·越语上》）。

勾践从善如流，采纳了这一建议，在继续准备玉石俱焚的死战同时，派遣大夫文种前往吴军大营向夫差求和，力陈勾践归顺的诚意："寡君之师徒不足以辱君矣，愿以金玉、子女赂君之辱。请勾践女女于王，大夫女女于大夫，士女女于士。越国之宝器毕从，寡君帅越国之众，以从君之师徒，唯君左右之。"（《国语·越语上》）

众所周知，春秋时期社会舆论的主导倾向，是赞许兴灭继绝，而不是攻城略地以剿灭敌国，即《论语·尧曰》所言的"兴灭国，继绝世，举逸民，天下之民归心焉"。而吴王夫差虽生于蛮夷之邦，但对周代确立的"礼乐文明"那套东西情有独钟，甘之如饴，早在继位之前就以"信以爱人，端于守节，敦于礼义"（《吴越春秋·阖庐内传》）而著称，此时，他听了文种那番滴水不漏、滔滔不绝的言辞之后，颇有些心动，准备允诺了。

但是，深富韬略的重臣伍子胥则坚决反对与越国媾和，他向夫差透彻地分析了事情的利弊，深刻指出："夫吴之与越也，仇雠敌战之国也。三江环之，民无所移。有吴则无越，有越则无吴，将不可改于是矣！员闻之，陆人居陆，水人居水。夫上党之国，吾攻而胜之，吾不能居其地，不能乘其车。夫越国，吾攻而胜之，吾能居其地，吾能乘其舟，此其利也，不可失也已，君必灭之。失此利也，虽悔之，必无及已！"（《国语·越语上》）伍子胥这番阐述，揭示了吴越关系的本质，即一山不容二虎，两国不可并存，吴国与越国，不是你死，就是我活，双方之间绝无妥协的余地。伍子胥的这一见解无疑是十分正确的，是战略上的真知灼见，也多少有点打动了夫差本人，让他觉得灭越既然只是举手之劳，瓜熟蒂落，水到渠成，那么，又何必节外生枝，平添曲折，于是就拒绝了越国的求和提议。

文种回到越军大本营，在与勾践、范蠡商议后，又一次出使吴军大营。众所周知，堡垒最容易被内部攻破，文种深谙这个道理，所以这一次，他把自己工作的重点，放在了吴国太宰伯嚭的身上，用美女、财宝对其进行贿赂，请托他从中斡旋，劝说夫差留有余地，把握分寸，见好就收，即允许越国成为吴国的附庸国、仆从国。同时，文种还莫测高深、装腔作势地玩起了战争边缘游戏，虚张声势，声明倘若吴国不允许越国的归顺，那么越国也将彻底豁出去，舍命陪君子，背城借一，破釜沉舟，与吴国血战到底，拼个鱼死网破，玉石俱焚，"不幸不赦，勾践将尽杀其妻子，燔其宝器，悉五千人触战，必有当也！"（《史记·越王勾践世家》）意思是说，即便你吴国能赢，但也得付出沉重的代价，得脱一层皮！伯嚭吃了人家的嘴软，拿了人家的手短，再者，他也真的害怕越国那5 000名亡命之徒玩玉石俱焚、同归于尽的戏码，《孙子兵法》不是也提倡"穷寇勿迫"吗？于是就拿着传统的"军礼"信条向吴王夫差进言："古之伐国者，服之而已。今已服矣，又何求焉？"（《国语·越语上》）一再强调这样做，对于吴国来说，乃是真正的有利："越以服为臣，若将赦之，此国之利也！"（《史记·越王勾践世家》）主张见好就收，答应越国君臣所提出的求和请求。

伍子胥则头脑十分冷静，他已清醒意识到战争的宗旨由"争霸"转变为"兼并"的大趋势是不可逆转的，旧的"又能舍服，是以明其勇"（《司马法·仁本》）礼乐文明传统无法再加以维系，是不以任何人的主观意志为转移的，"动之以仁义，行之以礼让"（《汉书·艺文志·兵书略序》）的做法，已是明日黄花，一去而不复返了。他坚持认为，越国既然已被彻底打败，那么，就应该趁势灭掉它，而不能拘泥于旧军礼的传统，放虎归山，养虎遗患，自掘坟墓！他的敏锐与睿智，使他十分清醒地意识到，越王勾践野心勃勃，老谋深算，绝非等闲人物，其左右股肱范蠡、文种等人，更是非常不容易对付的强劲对手。眼下越国虽然暂时受挫，但是只要其一息尚存，就完全有可能死灰复燃，卷土重来，所以吴国不能不一鼓作气，"痛打落水狗"，犁庭扫穴，一举加以摧毁，以永绝后患。否则，勾践他日必为吴国的掘墓人，"今不灭越，后必悔之。勾践贤君，种、蠡良臣，若反国，将为乱"（《史记·越王勾践世家》）。另外，翦灭越国还可以确保他日吴国北进中原与齐、晋争霸之时，无后顾之忧，避免顾此失彼，捉襟见肘，陷入多面受敌、两线作战的窘境。所以，从整个战略大局来考量，灭越也是当务之急！所谓"不谋全局者，不足以谋一域；不谋万世者，不足以谋一时"。

可是，作为吴国最高决策者的吴王夫差，却更倾向于采纳伯嚭的意见，考虑接受越国的请和诉求。这是因为受传统的影响，取威定霸，乃无上的荣耀与最大的诱惑，与中原霸主齐、晋争霸，始终是吴国历代国君梦寐以求的夙愿。早在阖闾伐楚入郢归来之后不久，就"复谋伐齐"（《吴越春秋·阖闾内传》），只是当时由于越国在背后扯后腿，捣乱不已，这才迫使阖闾、夫差将北进中原、争霸天下的战略计划暂时忍痛搁置。目前，世仇越国既已表示臣服，夫差便不愿与它过多纠缠，而急不可待地要实施战略重心的转移，用重兵向北推进，去同齐、晋等老牌霸主争一日之长了。更加要命的是，夫差本人非常服膺"古之伐国，服之而已""又能舍服,是以明其仁"等军礼传统观念,秉持"贰而执之,服而舍之。德莫厚焉,刑莫威焉"(《左传·僖公十五年》)的戒律,总而言之,夫差有底线,守规则,按规矩老老实实出牌,于是乎,他合乎逻辑拒绝了伍子胥的正确方案,决定宽宏大量,既往不咎,许越请和:"孤将有大志于齐,吾将许越成,而无拂吾虑。若越既改,吾又何求?若其不改,反行,吾振旅焉!"(《国语·吴语》)

吴王夫差之所以会做出这种在今天看来明显存在着严重问题的抉择,其实也是有其行为逻辑上的必然性的。从根本上讲,他的决定属于春秋时期战争性质规范下的合理反映,是春秋大国竞逐争霸条件下的逻辑结果。

众所周知,春秋历史的最显著特征,就是大国争霸,换言之,"取威定霸",是当时有作为的大国领袖"念兹在兹"的理想追求与事业目标。所谓"争霸",核心标志是充当"霸主",成为中原诸侯列国的"领头羊",它主要通过召集诸侯大会,歃血为盟,让中原诸侯列国承认自己的盟主地位,在此基础上,攫取自己的"霸主"名分,并有效地确立起作为"霸主"的法定权威。当然,在这个过程中,霸主地位觊觎者所依赖的是以强大的武力为后盾的,同时也是以必要的军事胜利为前提的。而列国诸侯们围绕"霸主"名分、地位的争取或维持而展开的有限战争活动,这就是所谓的"争霸"战争。

吴王夫差在吴、越夫椒之战获胜之后所做的下一步战略抉择，就是以"争霸战争"的内在固有逻辑来进行的。在他看来，自己要成为像齐桓公、晋文公、楚庄王这样众望所归、名垂青史的历史人物，吴国要真正拥有天下诸侯众望所归的中原霸主地位，唯一的选择，就是集中所有的资源，处心积虑，创造条件，挥师北上，逐鹿中原，以强大的军事实力为后盾，通过军事上耀武扬威的战略威慑手段，从传统的中原霸主晋国那里，夺取"霸主"的桂冠，替代晋国成为中原诸侯列国新的中心、新的领袖，雄冠群雄，号令天下。

显而易见，夫差的"大志"始终在齐、晋两个老牌"霸主"的身上。越国老实听话，悔过自新，效忠输诚，那么万事好说，皆大欢喜；倘若勾践还不老实，想兴风作浪，无事生非，那么，就对不起了，吴国会用铁拳把蕞尔越国砸个稀巴烂！

就争霸宏图的视角考察，吴王夫差的举措，并无大的问题，从某种程度上讲，甚至可以称得上是成功的。毕竟，他将原先僻处东南一隅的吴国带上了中原争霸舞台的中心位置，他本人则通过日后的黄池之会，也实现了成为一代霸主的夙愿。但是，他的最大问题，是昧于现实形势的变化，根本没有意识到当时军事斗争的性质已经发生了彻底的转型，归根结底，是他的战略思维进入了严重的误区，他的战略选择出现了方向性的错误，因此，努力越多，结果越糟，南辕北辙，适得其反，走入"图虚名而取实祸"的困境！

至此，吴、越两国暂时罢息干戈，正式议和，以越作吴之属国为基本条件，结束了双方之间刀光剑影、喋血沙场的军事对抗。尔后，吴王夫差踌躇满志，趾高气扬，统率吴国大军凯旋，吴、越夫椒之战就这样画上了句号。

夫椒之战是吴、越战争中第二次具有重大战略意义的战役。它使得越国遭受了极其沉重的打击，其军事实力受到严重的削弱。此后，在相当长的一段时间内，吴国名正言顺地成为越国的宗主国，摆布着越国的一切重要事务，这样就使得吴国在自己的争霸事业上又迈上了一个新的台阶，即所谓"南服越人"。

越军在夫椒之战中惨遭败绩，这中间的原因是多方面的。首先，是勾践因槜李之战的意外大胜而滋长了骄傲自大的情绪，违背了"敖不可长，欲不可从，志不可满，乐不可极"（《礼记·曲礼上》）这个铁律，犯了骄兵必败的大忌。没有做好充分的准备，违背了兵法上"先为不可胜，以待敌之可胜""胜兵先胜而后求战"这一金科玉律，以致使越国在战略上处于明显的劣势。其次，是勾践的领导风格过于强势，刚愎自用，忘乎所以，自信心爆棚，拒绝听取范蠡等人的正确建议，顾盼自雄，毫不顾及敌我双方实力上的强弱对比，一味迷信和追求先机制敌，冒险挑起战事，结果陷入极大的被动。最后，是越军没能深刻地领悟"兵无常势，水无常形"的用兵真谛，在作战指挥方面机械笨拙，不能因敌变化，灵活机动地运用战术，不能做到"运用之妙，存乎一心"，没有打"算定仗"，而是打"舍命仗""糊涂仗"，单纯与强敌正面对峙，拼消耗，拼实力，结果在吴军奇正并用的战法打击下，溃不成军，一败涂地。

吴军的胜利，则在于其战争准备十分充分，有着明确的作战意图：为先君报仇雪恨，从而充分调动起参战将士的杀敌积极性；在于其总体实力远远碾压了越国，占有相当明显的优势，所谓胜兵"以镒称铢""以碬投卵"；在于其善于捕捉和充分利用对手战略决策上的破绽和战术运用上的错误，"敌人开阖，必亟入之""践墨随敌，以决战事"，后发制人，一锤定音，"不可胜在己，可胜在敌"；在于其战场上的指挥灵活机变，善于兵贵神速，出奇制胜，并能够发扬连续作战的作风，对溃退之敌风扫残云，穷追猛打，不让其有重新组织起有效抵抗的任何机会！

然而，必须指出的是，吴国在夫椒之战中所取得的重大战役胜利成果，却因最后阶段的许越求和而最终丧失殆尽了。换言之，吴王夫差在灭越唾手可得、指日可待的大好形势下，武断地拒绝了伍子胥的正确建议，而听从了佞臣伯嚭的意见，轻率地改变自己的初衷，允许越国求和请降，这是战略上的颠覆性错误。在取威定霸为最高宗旨这一传统的惯性驱使下，夫差"北威齐、晋"，争霸中原的计划本来也无可厚非。因为吴国若要雄视古今，称霸天下，那就必须伺机北进中原，碾压齐、晋这两大老牌霸主，号令诸侯。

但问题是，对当时的吴国而言，这方面的战略时机尚未成熟，本应该沉着镇静，耐心等待，创造条件，循序渐进。而当时摆在吴国面前的主要任务就是，翦灭越国，拓展疆域，彻底消弭来自侧后的威胁，从根本上解除后顾之忧，然后休养生息，恢复经济，积蓄能量，扩充军备，再伺机而动，所谓"必以全争于天下""自保而全胜"，这才是正确的选择。古人有云："不谋全局者，不足以谋一域；不谋万世者，不足以谋一时"，从整个"国际战略"的全局来综合考量，当时的齐、晋诸国对吴国并未构成任何实质性的威胁，天下霸主晋国，更是吴国崛起与发展的最强推手与最大后盾，长期以来，它总是为其小弟吴国站台吆喝，鼓劲撑腰，吴国过早地让晋、吴两国之间友谊的小船说翻就翻，实在是买椟还珠，愚不可及！

这也就是说，对当时的吴国来说，时间和形势十分有利，完全许可它举重若轻，从从容容地吞灭於越，这就自无必要放弃业已到手的越国，匆匆忙忙调转船头，去北上对付齐、晋诸国。如今它患严重的战略短视症，不一举灭越而一劳永逸地根除掉肘腋之患，安定后方，那就始终将存在着陷入多面受敌、两线作战的被动处境的可能性，这显然是完全错误的，是作茧自缚。日本《五轮书》有云："搏两兔，则不得一兔。"吴王夫差所做的，就是这样的蠢事。而更大的问题是，许越请和，这完全是昧于形势的变化和时代主题的转换，当"兼并"业已成为主导的历史趋势背景之下，如果还抱着"争霸"的战略思维来思考问题，进行决策，那效果究竟会是怎样的？自不待言！那前景到底会是什么？同样是可以预见的。因为面对时代条件的变迁与战争性质的转换，作为战略决策者，理当"与时迁移，应物变化"，主动地顺应潮流，牢牢地立足现实，及时调整战略思维，启动战略指导方针的转型，所有这一切，就是其把握主动，"致人而不致于人""立于不败之地，而不失敌之败也"，从而卓有成效实现其战略目标的关键之所在。而具体到由"争霸"到"兼并"的战争指导上，则突出地反映为是继续墨守成规，以赢取"名声"为宗旨，还是及时开拓创新，以获得"实利"为鹄的。

在当时的吴国君臣中，拥有这样清醒的战略悟性之人并非绝迹，像伍子胥就是其中的突出代表。他已经明白地意识到，当时战争的性质已有根本的改变，争当霸主的"虚名"，不应该成为吴国的主要战略诉求，必须按照孙武所揭示的新型战争战略指导原则来引领吴国的战略进攻，"兵以诈立，以利动，以分合为变""合于利而动，不合于利则止"，以"功利"为根本考量，避免因图"虚名"而招致"实祸"。在他看来，"北威齐、晋"，并不具有现实中战略上的迫切性，甚至得不偿失、无利可图。而乘胜追击，一鼓作气，彻底灭亡越国，才是利益之攸关，是当务之急。基于这样的认识，伍子胥一再强调释齐、晋而攻灭越国，主张完成吴国对於越之地的兼并。很显然，伍子胥的战略思维，业已实现了质的飞跃，能够牢牢地立足于"兼并"而非"争霸"的战略层面了。

遗憾的是：作为吴国战略指导方针的最高决策者与最后定夺者，吴王夫差的战略思维并不能做到与时俱进、适时转变。他依旧是迂腐地抱着业已过时的"争霸战争"的战略思维而不放，昧于时势，依旧做着争当一代"霸主"的春秋大梦。所以，他能轻易地认同佞臣伯嚭的那套说辞，"古之伐国者，服之（越）而已。今已服矣，又何求焉？"（《国语·越语上》）面临关键的战略选择，铸下大错，致力于"北威齐、晋"，去追逐在当时已是徒有其表的那一个"天下霸主"的迷梦，而很轻率地放弃了一举灭越的大好机会，给对手勾践提供了喘息与反扑的条件，最后，酿成了自己身败名裂、吴国国祚戛然中绝的苦酒。这正如《淮南子·氾论训》所言："古之伐国，不杀黄口，不获二毛。于古为义，于今为笑。古之所以为荣者，今之所以为辱也！"南辕北辙，事与愿违！

俗话说，"一着不慎，满盘皆输"。从这个意义上讲，吴王夫差在翦灭越国水到渠成、瓜熟蒂落的最后关头拘泥于礼制，迷恋于传统，改变态度，放过世仇越国，半途而废，功亏一篑，纵虎归山，养痈遗患，乃是他丧师辱国，亡身绝祀的起点。伍子胥对吴、越议和一事之灾难性后果的预言，可谓是一针见血，切中肯綮："越十年生聚，而十年教训，二十年之外，吴其为沼乎！"（《左传·哀公元年》）遗憾的是，言者谆谆，听者藐藐，在妄自尊大、顾盼自雄的吴王夫差面前，伍子胥的金玉良言，落得一个对牛弹琴的结果。

这里，我们需要对"十年生聚，十年教训"的内涵，做些具体的说明。"十年生聚"中的"生"，指的是"增殖人口"。在古代社会中，人口是最大的也是最宝贵的资源，无论从事劳动，还是组建军队，都离不开人这个最重要的因素。所以，一个国家要强大，要发展，是立足于拥有大量人口的基础之上的。这里的"聚"，指的是"积聚财富"，有强大而雄厚的物质财富，才可以维系国防，从事战争，"圣人知治国之要，故令民归心于农。归心于农，则民朴而可正也，纷纷则易使也，信可以守战也"（《商君书·农战》）。"能越力于地者富，能起力于敌者强，强不塞者王"(《韩非子·心度》)。换言之,"足兵"的前提乃是"足食"。由此可见,"十年生聚",归根结底,是越国为自己日后在吴越战争中翻盘所做的物质准备。

至于"十年教训",就是训心,开展精神教育,统一人们的思想,也即对越国普通民众不断进行"洗脑",告诉民众,吴国是越国最大的敌人,其对越国民众的欺压凌辱,可谓罪恶滔天,罄竹难书,越国第一美女西施都被夫差霸占了,是可忍,孰不可忍!由此而激发起广大民众对吴国的极大仇恨,同仇敌忾,誓死一战。显而易见,所谓"十年教训",乃是越国灭吴系统工程中的精神准备。物质准备与精神准备双管齐下,齐头并进,实在太厉害,真的很恐怖。"姜是老的辣",伍子胥的确不简单,只用"十年生聚,十年教训"寥寥八个字,就一针见血概括和揭示了越王勾践的反噬机心与灭吴韬略。

第六章　图虚名而取实祸：黄池的落日

一、韬光养晦：越王勾践的辣招迭出

夫椒之战后，越国元气大伤，国力衰弱，进入十分困难的至暗时刻。然而，勾践君臣并没有因此而自甘沉沦，一蹶不振，而是勠力同心，励精图治，生聚教训，不遗余力。越王勾践侥幸逃脱被灭国的一劫之后，就将报仇雪恨作为自己念兹在兹的人生奋斗目标。为了灭吴，勾践可以抑制自己人性中固有的欲望，过上苦行僧的一样的生活，身体力行，率先垂范，"身自耕作，夫人自织，食不加肉，衣不重采，折节下贤人，厚遇宾客，振贫吊死，与百姓同其劳"（《史记·越王勾践世家》）。当时老百姓的头脑一般都比较简单，很容易受感动，于是乎，广大民众的情绪就被调动起来了，动辄就进入了"高潮"节奏，勾践灭吴的民意基础完全形成了。

　　为安抚民心，振奋士气，越王勾践下了"罪己诏"，将越国战败、百姓遭殃的责任主动揽到自己的身上："寡人不知其力之不足也，而又与大国执仇，以暴露百姓之骨于中原，此则寡人之罪也。寡人请更！"（《国语·越语上》）可谓是做足了姿态，演足了戏码。

　　当然，光作自我批评是远远不够的，关键得拿出具体措施来积极善后，弥补民众的损失。这方面，勾践的态度与相应做法也是积极的，他下令："葬死者，问伤者，养生者。吊有忧，贺有喜，送往者，迎来者，去民之所恶，补民之不足。"（同上）然后，他根据城下之盟中去吴国为人质的规定，将国内事务分别托付给文种等大臣负责管理，自己则带着范蠡等人前去吴国，给夫差当奴仆，史载勾践"卑事夫差，宦士三百人于吴，其身亲为夫差前马"（同上）。这也许有后世文人虚辞夸大的成分在内，但勾践当时的遭遇之差大抵是可以想象的。勾践在吴国忍辱含垢，历尽磨难，艰辛备至，终于骗得夫差的信任，在吴国权臣伯嚭的说项帮助之下，于三年之后被释放回国。

　　勾践回到越都会稽，等于是蛟龙入海，猛虎归山，再也不可控御了。接下来，该是到了他掌握主动、巧妙出牌的时候了。他与范蠡、文种、诸稽郢等心腹重臣聚合在一起，商议战略大计，汲汲于灭吴复仇，励精图治，制定了复兴越国的主要军政措施，并在此基础上实施韬光养晦、欺敌惑敌的对吴斗争策略。其荦荦大端，大致有以下几个内容：

第一，勾践带头励精图治，以身作则，身体力行，率先垂范，为改善政治、笼络民心创造先决条件。据史籍记载，越王勾践自吴返国后，"身自耕作，夫人自织，食不加肉，衣不重采，折节下贤人，厚遇宾客，振贫吊死，与百姓同其劳"（《史记·越王勾践世家》）。这些文字，肯定带有很大的水分，大多是属于后人粉饰美化的产物，因为，历史归根到底，是由胜利者所书写的。不过，勾践的表演之成功，应该说是没有疑义的。为了不忘会稽投降屈服这一奇耻大辱，来日报仇雪恨，勾践还刻苦自励，卧薪尝胆，"苦身焦思"，常年睡在薪草之上，"愁心苦志，悬胆于户，出入尝之，不绝于口"（《吴越春秋·勾践归国外传》）。这些举动，在信息单向且封闭的状态下，经官方宣传机器连篇累牍报道、夸饰，自然有很强的蛊惑性。众多越国民众，情不自禁为之感动，为之流泪，为之振奋，都恨不得插上翅膀，飞到姑苏，与夫差及其走卒爪牙拼个你死我活，一了百了！同仇敌忾之气场既已形成，民众与国家之间的凝聚力也就随之增强了。这就是勾践君臣所要的效果，所追求的宗旨！

第二，虚心纳谏，从善如流，选贤任能，集思广益，君臣勠力同心，努力拼搏，锲而不舍。立国致治，人才为本。勾践要翻盘，单打独斗当然是不行的，需要有人替他冲锋陷阵，替他火中取栗。为此，他就表现出一付爱才如命、求贤若渴的姿态，大手笔、高姿态"尊贤厚士"，礼遇罗致各方面的人才，物质上充分保障，精神上尊宠有加："其达士，洁其居，美其服，饱其食，而摩厉之于义。四方之士来者，必庙礼之。"（《国语·越语上》）其笼络人才的手段，说白了，其实也很简单，一是物质上的利诱，二是礼仪上的尊宠，双管齐下，刚柔相济，就没有什么人吸引不来的。总之，为了灭吴，勾践可以放低自己的身段，控制自己的情绪，表现出一种虚心纳谏、从善如流的姿态，罗致人才，量才录用，因人授任。

对于来自楚国的两位客卿范蠡与文种，更是不介意他们的身份问题，而是引以为最大的心腹，下足功夫，舍得花血本，尊宠有加，言听计从，充分利用他们的聪明才智。并能听取范蠡的意见："兵甲之事，种不如蠡；填抚国家，亲附百姓，蠡不如种。"（《史记·越王勾践世家》）根据他们的综合素质与个性特长，分别委以不同的要职，发挥各自的作用，"举国政属大夫种"（同上），而由范蠡来具体执掌军事、外交事务，因能授官，各尽其才，取长补短，珠联璧合，"种躬正内，蠡出治外。内不烦浊，外无不得，臣主同心，遂霸越邦"（《越绝书·外传纪策考》）。

第三，为了灭吴，勾践将经济活动全面带入战时体制的模式。改革内政，减免赋税，开垦荒地，发展生产，奖励生育，增滋人口。任何改革，都是倒逼出来的。古今中外，概莫例外。勾践因为输得惨到了只剩下裤衩的地步，要翻盘，不得不大刀阔斧地推行内政上的去旧布新，改弦更张。史载勾践节约民力，收揽人心，"不乱民功，不逆天时，五谷睦熟，民乃蕃滋，君臣上下交得其志"（《国语·越语下》）；又"载稻与脂于舟以行，国之孺子之游者，无不哺也，无不歠也，必问其名，非其身之所种则不食，非其夫人之所织则不衣，十年不收于国，民俱有三年之食"（《国语·越语上》）。很显然，勾践治理越国的基本原则是"不折腾"，因循无为，藏富于民。这种裕民政治的具体实施，使得越国的生产有了较快的恢复与发展，社会经济保持稳定并日趋繁荣。

在人口政策制定与推行上，勾践坚持强硬有为的国家干预做法，致力于奖励民众多生多育，以增加越国的人口。夫椒一战，越军伤亡惨重，人口锐减，军队兵员来源几至枯竭，人都没有了，还谈什么灭吴称霸大业！为了彻底扭转这样的局面，勾践颁布了奖励生育、繁殖人丁的法令法规，把老百姓的婚姻嫁娶、生儿育女统统置于国家政权的严厉控制之下："令壮者无取老妇，令老者无取壮妻。女子十七不嫁，其父母有罪；丈夫二十不取（娶），其父母有罪。将免（娩）者以告，公令医守之。生丈夫，二壶酒，一犬；生女子，二壶酒，一豚。生三人，公与之母；生二人，公与之饩。当室者死，三年释其政；支子死，三月释其政。必哭泣葬埋之，如其子。令孤子、寡妇、疾疹、贫病者，纳宦其子。"（《国语·越语上》）这都管到人家的床第上了，越王勾践这种"惟辟作福，惟辟作威"的强势管控，真是令人触目惊心！这种方式，近乎野蛮，民众的婚嫁生育意愿完全被剥夺，全部由国家来操控，勾践统治下的越国政治之黑暗与法令之残酷，由此可见一斑！但是，从另外一个方面讲，其动员效率之高，管治能量之大，也同样是事实。

勾践人口政策的实施，使越国的人口在较短时间内显著增多，为其扩充军队、投入战争提供了兵源上的保证。集权专制的效率，的确也有它的长处，这是无法否定的。

第四，在军事上，筑城立廓，修缮被战争所破坏的都城，训练部队，改进装备，厚赏严刑，扩充兵员。勾践侥幸从吴国脱身返越后，即决定筑城建廓，并指派范蠡具体主持这个庞大的工程。范蠡是实干家，受命之后迅速投入工作，亲自勘察地形地貌，悉心规划，督工修建；范蠡同时也是谋略家，在修筑过程中，他只让筑三面城墙，故意空出西北一段不修，以显示越王勾践忠心耿耿，臣服于吴王夫差，用来麻痹吴国。经过几年的建设，越都会稽城池坚固，人丁兴旺，经济繁荣，商业活跃，成为重要的政治、经济、军事中心。至于灭吴的大杀器——军队，勾践更是予以极大的重视，注重加强对军队的训练，在训练中强调申明军纪，厉行赏罚，要求士卒听从号令，服从指挥，能做到步调一致，同进同退。通过严格的训练，越军恢复了元气，战斗力有了十分明显的提升，令人刮目相看。更给人留下深刻印象的是，越国的兵种构成进一步趋于均衡合理，开始拥有了称为"习流"的强大水军，从而具备了与吴国全面抗衡的整体实力。除此之外，越国还按照"兵农合一"的基本原则，编设里闾（地方行政组织），以便征调兵员，扩充军队，立足主动，以备不虞。

总而言之，夫椒之战后，越国并没有丧失斗志，自暴自弃，而是发愤图强，用时间换空间，为战胜强吴而全力以赴，不懈努力。勾践本人率先垂范，卧薪尝胆，"苦身焦思"，汲汲于报仇雪耻。而范蠡、文种等大臣也恪尽职守，献计献策，集思广益，夙兴夜寐，勤勉敬业。至于广大民众，更是发愤图强，任劳任怨，为国分忧，各尽所能。经过全国上下的不懈努力，越国很快从夫椒之败的阴霾之中走了出来，越国的生产活动得到恢复，经济触底反弹，军力迅速发展，民心高度凝聚，呈现出一片欣欣向荣的上升气象。

在全面复兴越国经济、军事的同时，越国也制定了正确高明的对吴斗争策略。其基本原则归纳起来，就是四个字：韬光养晦。

勾践君臣巧妙隐蔽自己的战略意图，运用各种手段来麻痹夫差，诱使其放松对越国的警惕，进一步滋长骄傲自大、忘乎所以的心理，从而骄奢淫逸，肆意妄为，并蛊惑其一意争霸中原，遂其所谓"北威齐晋，显名诸侯"的春秋大梦，以利于越国在形势成熟之际，乘隙蹈虚，果断出手，彻底鄄灭吴国。这方面勾践君臣可谓是殚精竭虑，呕心沥血，用上了各式各样的手段与套路。

一是积极争取与国，拉帮结派，联手孤立和打击吴国。为了灭吴，勾践在外交上，纵横捭阖，上下其手，分化离间，左右逢源。他采纳大夫逢同的建议，积极争取齐、晋、楚等大国的支持，甚至以高超的手段，使得这些大国傻乎乎地为越国火中取栗，为此，越国积极奉行"结齐，亲楚，附晋，厚吴"的战略方针，"且鸷鸟之击也，必匿其形。今夫吴兵加齐、晋，怨深于楚、越，名高天下，实害周室，德少而功多，必淫自矜。为越计，莫若结齐，亲楚，附晋，以厚吴。吴之志广，必轻战。是我连其权，三国伐之，越承其弊，可克也！"（《史记·越王勾践世家》）这是典型的借力打力，给吴国下套子，挖深坑，诱导夫差同所有大国闹僵关系，反目成仇，越国则四两拨千斤，坐收渔人之利。吴国果然受骗上当，张牙舞爪，四面出击，为丛驱雀，为渊驱鱼，到处树敌。从而最大限度地孤立了夫差，使其陷入"茕茕孑立，形影相吊"的凄惨境地，而越国则从中获取了最大的战略利益。历史证明，吴国的确是照着这个脚本一步步走向崩溃的边缘的，即四面出击，到处树敌，成了诸侯们都嫌恶的暴发户，孤立无援，风雨飘摇，等到吴越之间的最后决战上演时，吴国这个孤家寡人，完全沦为当时国际社会的"弃儿"。

二是采纳文种的"七术"谋略，诱使夫差贪图享受，穷奢极欲，消耗削弱吴国的经济、军事实力，"温水煮青蛙"，使其在不知不觉之中走向衰败。当然，玩弄阴谋伎俩，操作诡道权术，更是必不可少的。为了灭吴，越王勾践真的是处心积虑，突破底线，为达到目的而不择一切手段，把这种权谋演绎得淋漓尽致，炉火纯青，将吴王夫差玩弄于股掌之上。具体地说，就是不断地给夫差送上优厚的礼物，表示自己的忠心臣服，"用而示之不用"，麻痹对手，让其放松警惕，暴露破绽。玩弄老套路，施行屡试不爽的"美人计"，送上国色天香的大美女西施、郑旦，让夫差沉溺于温柔之乡，贪图安逸享乐，荒废政务。捐送大量的货币、财宝，贿赂吴国的大臣，争取他们的同情和帮助，尤其是千方百计收买像伯嚭这样的热衷于阿谀奉承、贪赃枉法的夫差身边亲信，替勾践当说客，说好话，为越国的利益服务。挖空心思离间分化吴国朝廷内部，设法挑起那些敢于说真话、敢于"进谏"者与夫差的矛盾，使之互相猜忌，离心离德，从而趁火打劫，借刀杀人。全力扰乱和破坏吴国的经济，扰乱吴国的秩序，用高价收买吴国的粮食，使其内部粮价上涨，居高不下，造成粮食供应、基本生活保障上的困难。采集优良木材，选派能工巧匠，源源不断地送入吴都姑苏，免费赠送给吴国，鼓动和诱惑夫差大兴土木，促使其修筑宫殿，大量损耗其物力、人力与财力。

这样，红颜祸水，佞臣使坏，主上昏聩，忠臣见斥，诡计多端，所有的亡国因素都基本上具备了，这也是中国古代对失败者的历史叙述之一般套路，吴王夫差同样无法免俗。但我合理地怀疑，这也许更多是后人的理解和诠释。其实，真正的原因也许要复杂得多，毕竟《国语》等典籍这方面往往语焉不详，如西施的故事，就不着一字，恐怕是后人的想象与虚构，在男性为中心的社会里，女性往往成了破军亡国的背锅者。夏朝有妹喜，殷商有妲己，西周有褒姒，那吴国之亡，也得找西施与郑旦来垫背。至于《吴越春秋》《越绝书》之类，其书晚出，自不待言，其内容更近似小说家言。所以，连所谓"七术"的发明人是文种，还是计然，都一片混沌，难以分辨。对以上的所谓"史实"，也就只有其姑妄言之，我们姑妄听之了。但是，谋略与诡计，在这场吴越生死之战中发挥过不可或缺的作用，大概是不无道理的。这就是历史的近似真实和历史的逻辑真实。

三是有意迎合夫差"北威齐、晋"，汲汲争霸的心理，居心叵测，给夫差戴高帽，鼓动其早日挥师北上伐齐，引诱吴王夫差在错误的泥潭中越陷越深，无法自拔，最大限度地削弱吴国的军事实力，从而为越国伺机咸鱼翻身、进攻吴国创造必要的条件。当吴王夫差跃跃欲试、准备伐齐的消息传来，勾践禁不住喜上眉梢，心花怒放，他听取大臣文种的建议，"率众以朝于吴"，用金银财宝贿赂伯嚭，怂恿他促成吴国伐齐的军事行动。伯嚭接受重赂之后，果然"日夜为言于吴王"（《吴越春秋·夫差内传》），促使夫差最终下定伐齐的决心，自蹈覆亡。

二、红颜祸水：西施的神话与夫差落魄的真相

这里，需要稍作说明的是，美女西施在越国灭吴大业中，究竟发挥了多大的作用。西施入吴，使吴王夫差在绝代美女面前，神魂颠倒，拜倒在石榴裙下，以致荒废政事，葬送社稷，成为吴国败亡的一大关键，这是妇孺皆知、脍炙人口的经典历史桥段。

此事《左传》《史记》《国语》等典籍并无记载，其较为成型与系统的叙录始见于东汉末成书的赵晔《吴越春秋》与袁康《越绝书》。它们将西施在吴越战争中扮演的角色讲得有板有眼、活灵活现：越国大臣范蠡、文种等人根据"吴王淫而好色，宰嚭佞以曳心，往献美女，其必受之"的特点，四处寻觅能倾覆吴国江山的绝代美女，终于找到世居诸暨苎萝山下（今浙江诸暨市城南）的西施、郑旦。这两人皆天生丽质，姝妍绝世，美艳不可方物，

"为天下之美人"(《淮南子·修务训》)。

两人入选后,在越国都城学习宫廷歌舞与礼仪:"饰以罗縠,教以容步,习于土城,临于都巷,三年学服而献于吴。"并由范蠡向夫差进言:"越王勾践窃有二遗女,越国涝下困迫,不敢稽留,谨使臣蠡献之。大王不以鄙陋寝容,愿纳以供箕帚之用。"夫差见国色天香,心旌摇动,喜不自禁,自入圈套:"越贡二女,乃勾践之尽忠于吴之证也!"(《吴越春秋》卷九)于是将西施、郑旦纳为嫔妃,为她们筑姑苏台、建馆娃宫,宠爱有加,"三千宠爱在一身",整日寻欢作乐,沉溺于美色而不能自拔,"姑苏台上乌栖时,吴王宫里醉西施。吴歌楚舞欢未毕,青山欲衔半边日"(李白《乌栖曲》)。而夫差贪图享受,沉溺美色的结果,当然会死得很凄惨、很难看:"吴越相谋计策多,浣纱神女已相和。一双笑靥才回面,十万精兵尽倒戈!"(鱼玄机《浣纱庙》)

总而言之,吴王夫差日后的失败,吴国最终的崩溃,是亡于两个女人的手中。这样的故事,的确说得头头是道,生猛鲜活,我们不能说这些记载都是捕风捉影,空穴来风,毕竟《吴越春秋》《越绝书》《淮南子》《新序》《说苑》以及后来的《会稽记》《十道志》《舆地志》《嘉泰会稽志》等典籍的说法,不无一定的历史依据,不宜完全视为"小说家言"。但是,即便有点历史的影子,这也是被严重夸张和扭曲了的,既"失真",也"失焦",

是传统"女色祸国"的典型范本，这一点，古代就有不少人提出了质疑，认为将吴国灭亡的原因简单地归咎于吴王夫差贪恋美色，西施、郑旦两个弱女子一举颠覆吴国社稷，是脑子进水、滑稽可笑的做法，这既不公平，更不厚道。这一问题上，晚唐诗人罗隐的看法实有见地："家国兴亡自有时，吴人何苦怨西施。西施若解倾吴国，越国亡来又是谁？"（《西施》，载《全唐诗》卷六五六）

观念先行，将错综复杂的历史简单化、图谱化，在我们这个拥有数千年文明史积淀的国度里，乃是司空见惯的事情。于是乎，王朝的衰落乃至覆灭，古人不去考察其背后的深层次复杂原因，动辄将责任推卸到弱女子的身上，一句轻飘飘的"红颜祸水"，把帝王荒淫乱国的罪责解脱掉一半以上，所以，夏代的灭亡，妹喜罪无可逭；殷商的覆没，妲己造孽深重；是褒姒的一笑，使宗周的社稷灰飞烟灭；是西施的妖媚，让夫差死不旋踵走上不归之路。

人们的思维逻辑很单纯，很笔直，之所以会有"渔阳鼙鼓动地来，惊破霓裳羽衣曲"的结果，就是因为帝王为美色所误、所伤，即如唐代白居易《长恨歌》中所言："云鬓花颜金步摇，芙蓉帐暖度春宵。春宵苦短日高起，从此君王不早朝。"

其实事情并非那么简单，夫差在吴越争战中渐落下风，直至败亡，主要原因，应该讲不是迷恋美色、寻欢作乐。如果简单斥责夫差为沉湎美色，只知道寻欢作乐，也未免将历史人物脸谱化了，是对历史现象解读的庸俗化、简单化，是学术上的懒汉做法。至于将吴国衰亡的原因归结为夫差与西施、郑旦两个美女之间的肥皂剧，更是荒诞不经的神话。

应该说，夫差并非只知道吃喝玩乐的庸主，他自出道到谢幕，基本上保持了锐意进取、有所作为的积极向上的精神风貌。他的错误，主要是刚愎自用，狂妄自大，用旧眼光看新问题，痴迷于号令诸侯的美梦，追逐争当霸主的幻影，昧于对新的战略局势的判断，战略方向的选择上严重失策。没有趁着夫椒之战的胜利一举翦灭越国，过早地实施战略重心的转移，把"北威齐、晋"、称霸中原作为自己追求的战略目标。而勾践的胜出，主要靠的也不是什么西施、郑旦的"美人计"，而是他能够彻底打破"军礼"传统的束缚，不按正常的游戏规则出牌，突破道德的底线。

可是，后人忽视历史本相，简单地将越国灭吴的主要功劳记到西施她们头上，这真可谓是"失之毫厘，谬以千里"了。毫无疑问，这是以男权为中心的社会文化生态主导下的历史叙事逻辑，难怪乎，让一些有识见的女子对此感到愤愤不平了："君王城上竖降旗，妾在深宫那得知。十四万人齐解甲，更无一个是男儿！"

但是，必须指出的是，越王勾践灭吴策略中，有不少过分阴损、歹毒的下三滥做法，我们在今天不要一味推崇、津津乐道，而泯灭了最基本的是非观。今天回头来看，我们可以这么说，越王勾践的本性，从根本上来讲，可以用八个字来概括，即"狼子野心，蛇蝎心肠"。范蠡说他"长颈鸟啄"，可谓非常到位，十分传神。这种邪恶的本性加上坚韧的毅力和出众的才能，对社会普遍道德观的破坏，对人类良知的挑战，其危害之大、毁灭之烈，尤其严重，尤其恐怖。

众所周知，按照当时通行的"军礼"原则，"不加丧，不因凶"是军事行动的重要戒律之一，也就是说，不能乘人家国君新丧，正进行权力交接之时展开进攻，也不允许在敌对国家遭逢天灾，出现饥荒凶年之时发动战争。不仅如此，敌对国家之间还有在凶荒年份开展互为救助的义务。这就是上古的"人道主义"传统。例如当年秦晋互为敌国，可晋国闹灾荒时，秦国就施之以援手，将大批的粮食，通过舟运赠送晋国，以解晋国民众的燃眉之急。《左传》对此有详尽的记载，称之为"泛舟之役"。

这种传统一直延伸到春秋末年，吴王夫差很好地恪守了这种"救荒赈灾"的基本原则。当越国闹灾荒，向吴国提出借稻种的请求时，吴国毫不迟疑地满足了对方的愿望。可是，风水轮流转，等到吴国遇上同样的困难，向越国借稻种之时，越王勾践不出借也就算了，可他竟然能想出最恶毒的招数，将稻种煮熟了之后再行出借。这样的种子播种在大地上，当然不会发芽，更不会成长，使得吴国饱尝错失救荒赈灾的最佳时机、进一步加重灾难的苦果。这样的贱招，很显然不是人干的事。可越王勾践就这么做了，而且做得如此从容，如此淡定，丝毫没有流露半点道德上的愧疚，这绝对称得上是古代版的"我是流氓我怕谁"了！

相形之下，吴王夫差就吃亏在他内心深处，尚存留着一定的贵族精神之气息。作为一个统治者，他当然也不是什么善茬，可是，吴国毕竟是泰伯、仲雍历尽千辛万苦所建立的国家。周礼文化的传统相对保留得比较多一些，所以，在原则问题上，作为泰伯的后裔，吴王夫差还是能够按照既有的规则出牌的。"军礼"提倡"服而舍人"，"又能舍服，是以明其勇也"，孔夫子也主张"兴灭国，继绝世，举逸民"，这就是战争"善后"问题上的公认规则。因此，当夫椒之战大获全胜之际，吴王夫差对越王勾践没有采取赶尽杀绝的做法，而是按"军礼"的要求办事，放越王勾践一马，允许越国继续存在。这也是合乎逻辑、合乎常规的选择。

问题的症结在于，吴王夫差的君子之举，遇上了像越王勾践这样彻头彻尾的小人，就显得完全徒劳，纯属笑话了。古道热肠对上冷血无耻的结果，当然是后者胜出。善在恶的面前永远是软弱的，正在邪的面前始终是无奈的，这是一条古往今来颠扑不破的历史教训。无怪乎，后人要为夫差的"一日纵敌，数世之患"

而一掬同情之泪了："越王兵败已山栖，岂望全生出会稽。何事夫差无远虑，更开罗网放鲸鲵。"（唐代胡曾《咏史诗·会稽山》）在中国的历史上，君子斗不过小人，贵族斗不过无赖，似乎是一种常态。一个人，一旦能突破道德底线，不讲求游戏规则，那么，在功利至上的世界中，就可以畅行无阻，无往而不胜，所谓"卑鄙，是卑鄙者的通行证；高尚，是高尚者的墓志铭"，所道出的正是这个沉重的历史事实。

越王勾践肆无忌惮，恶贯满盈，为达到目的可以不择一切手段，没有任何思想负担地滥用各种损招、贱招，所以，他最终赢了，赢得"理直气壮"，胜得"圆满亮丽"。而后人对此不仅没有任何的保留、丝毫的谴责，反而津津乐道于他的"成功"，他的"霸业"，只看到其"卧薪尝胆"、快意复仇的光鲜，而有意无意地抹去其卑鄙无耻、丑陋邪恶的阴影，这不能不说是历史的扭曲与历史的悲哀，也留下了一个十分丑陋的负面示范，真可谓"千年为过，勾践的罪孽难消"！

三、敲山震虎：夫差向晋国展示獠牙

正当越国上下一心，为复仇灭吴而磨刀霍霍之际，貌似强大的吴国却问题丛生，败象渐露。夫差本人因胜而骄，踌躇满志，顾盼自雄，奢侈淫乐，穷兵黩武，浑然不知大限之将至。且看这

个时候的夫差，春风得意，趾高气扬，忘乎所以，致力于实施战略重心的转移，把称霸中原作为全力以赴追求的宏伟战略目标。为此，自公元前494年至公元前484年约十年的时间里，夫差全身心投入到对齐国的战争准备上。概括而言，吴国在夫差的亲自领导下，打鸡血似的，重点完成了以下三项"工程"：

第一，征服鲁国。吴国与齐国之间隔着鲁、郯、邾、滕等诸侯国，吴国要挥师北上，攻伐齐国，必须首先要争取到它们的同意和支持，尤其是鲁国的协助。夫差针对这一实际情况，运用军事、外交手段，展开了一系列征服鲁、郯诸国的行动。他先是一举压服了郯国，然后耀武扬威，以强大的实力为后盾，巧妙利用齐、鲁之间长期积累的矛盾，向鲁国施加各种压力，同时也积极加以利诱。功夫不负有心人，夫差的不懈努力，不久就得到了鲁国方面丰厚的回报：公元前488年，夫差和鲁哀公在鄫邑（今山东苍山）盟会，强迫鲁国奉献"百牢"作为贡礼。次年，夫差又以援救邾国为名，出兵伐鲁，在夷地（今山东泗水境内）击败鲁军，进抵泗上（今山东泗水），直接威胁到鲁都曲阜的安全。鲁哀公慑于吴军的嚣张气焰，迫不得已而与吴军订立了盟约，投入吴国的怀抱。至此，夫差终于达到了胁鲁从己、孤立齐国的战略目标。

第二，制服陈国。夫差要北上争霸，还需要防范来自吴国侧翼楚国方向的干扰。陈国在春秋的大部分时间里，一直是楚国的坚定附属国。陈国地处楚国北进中原的前哨，如果能够征服陈国，即可关闭楚国北进中原的门户，从而保证吴国伐齐大军侧翼的安全。于是，夫差就把制服陈国作为自己整个伐齐战略中的一个重要步骤来对待。为此，他曾于公元前494年、公元前489年先后两次发兵攻打陈国。陈国兵寡将微，力不能支，吴国大军压境，只能求助于宗主国楚国，可是此时的楚国却因柏举之战惨败而心有余悸，力不逮，不敢与吴军正面对抗。对于陈国的请求，楚国第一次是装聋作哑，未作反应，第二次是装模作样，有点动作，但却又因楚昭王途中暴卒即虎头蛇尾，草草收兵，"潜师闭涂"而还。陈国见大势尽去，无可奈何，只好举起白旗，臣服于吴国。这样一来，吴王夫差就顺利地实现了保护伐齐之师侧翼安全的战略意图。

第三，开凿邗沟。为了方便于伐齐行动中吴军舟师的机动，吴王夫差大规模征发劳力，开凿人工运河邗沟，以"沟通江、淮"。公元前486年，自朱方（今江苏镇江）直达淮夷地区（今江苏淮阴），全长300余里的邗沟竣工了。邗沟的开通，对于吴国北上中原、争霸天下战略方针的实施，具有十分重要的意义，它使得吴国的舟师可以从江水出发，先进抵淮水，然后或东入海向北攻齐，或西转泗水北上伐齐，处于十分主动有利的位置。夫差本人对邗邑地区的战略地位给予了高度的重视，曾特意为此修筑邗城（今江苏扬州），并屯兵驻守，作为日后吴军大举伐齐的战略前进基地。随着邗沟的开凿和邗城的修筑，吴国北上伐齐的战争准备业已基本完成，夫差挥戈北上已是箭在弦上，势所必行了。

正当夫差紧锣密鼓从事伐齐的战争准备之时，齐国却处于内忧外患、风雨飘摇的困境之中，齐景公寿终正寝后，齐孺公、齐悼公两位君主可不再拥有齐景公的福气，先后为卿大夫所弑。其内部是陈、鲍、国、高等大族尔虞我诈，互相倾轧，争权夺利，内乱不止，局势动荡，矛盾激化，而在外交上，齐国与鲁国也尖锐对立，多次兵戎相见。与霸主晋国的关系同样是剑拔弩张、屡起冲突。所有这一切，都让夫差有了大举伐齐的底气，他的"自信心"此时此刻可是爆棚了。套用战国时孟子的话来讲，就是"如欲平治天下，当今之世，舍我其谁也！"

公元前485年，吴王夫差决定对齐国采取试探性的军事行动，所谓"形之而知死生之地，角之以知有余不足之处"，会同鲁、邾、郯等国军队攻打齐国。这一次军事行动虽然因为种种原因而未取得具体实质性的战果，但却使夫差得以多少了解了齐国的虚实，为进一步展开大规模伐齐攻势树立了信心，提供了依据。

公元前484年春，齐国为报复前一年吴、鲁、邾、郯联手起兵攻打齐国一事，派遣国书等人统率大军征讨鲁国，齐、鲁双方的军队在稷曲（今山东曲阜附近）展开激战，这时的齐军早已是一只没有了牙齿的老虎，不复当年的神勇，因此，战斗的结果，乃是鲁军一举挫败齐军的攻势，杀死齐军甲士80余人（参见《左传·哀公十一年》的记载）。

夫差眼见齐国内乱不止，其对外战争也是屡屡受挫，颜面扫地，遂认为这是天赐良机，判断吴国北进中原，与齐国一决雌雄的条件业已成熟，遂决定与齐国全面摊牌，进行战略决战。

伍子胥对夫差的决策深感忧虑，他始终认为，越国才是对吴国安全与发展构成最大威胁的主要敌人，"螳螂捕蝉，黄雀在后"，吴国一旦攻齐，势必会给越国提供卷土重来、东山再起的机会，于是再次向夫差进谏，强调指出："越之在吴，犹人之有腹心之疾也。夫越王之不忘败吴，于其心也戚然。服士以伺吾间。今王非越是图，而齐、鲁以为忧。夫齐、鲁譬诸疾，疥癣也，岂能涉江、淮与我争此地哉？将必越实有吴土！"（《国语·吴语》）再次恳切请求夫差"释齐而先越"（《史记·越王勾践世家》），先灭越国，再图后举。但却为正沉浸于"北威齐、晋"霸主美梦中的夫差所断然拒绝。

公元前484年初夏，夫差趾高气扬，一意孤行，出动吴军主力，会合鲁军，千里北征，攻伐齐国。出兵伐齐，这是吴国的大动作，自然也是越王勾践的好机会，因为只要有条件，他是一定会千方百计给吴王夫差挖坑埋雷的，这一次也不例外。为了鼓动吴王夫差专心致志北上伐齐和显示越对宗主国吴国的"忠顺"，越王勾践向夫差表示，愿意"为王前驱"，替吴国打头阵，亲率3 000名越军士卒当开路先锋。夫差虽然没有采纳勾践的提议，但内心深处对勾践的懂事明理、输诚效忠，恐怕还是相当满意的，于是就进一步放松了对越王勾践的应有警惕！

是年五月，吴、鲁联军先后攻占了齐国的博邑（今山东泰安东南）和嬴邑（今山东莱芜西北）。齐国闻报，也出动主力进行抵御。双方军队在艾陵（今山东泰安东南，一说在今山东莱芜东北）遭遇，各自排兵布阵，准备决战。吴鲁联军方面的部署是：夫差亲自统领中军，"胥门巢将上军，王子姑曹将下军，展如将右军"，齐军方面的部署是："国书将中军，高无丕将上军，宗楼将下军"（《左传·哀公十一年》）。

五月甲戌日，艾陵决战爆发，双方展开激烈的战斗。展如率领吴右军率先击败了齐国上军高无丕部。齐帅国书则统率齐国中军击破胥门巢所率的吴上军。在战斗的关键时刻，夫差率吴军主力中军奋勇出击，大败齐军，阵斩齐军甲士3 000余人，缴获齐军战车800乘、铠甲3 000副，并俘虏齐军主帅国书以下将领共7人。艾陵之战遂以吴军大获全胜而告终。齐简公肝胆俱裂，无力再战，被迫低下高贵的头颅，与夫差议和，签订和约，向吴国屈服。夫差将战场上所缴获的800乘齐国兵车等战利品悉数慷慨赠送给了鲁哀公，以彰显泱泱大国的风度，然后得意扬扬收兵返回吴国。

老子有云："祸兮福之所倚，福兮祸之所伏。"吴军艾陵之战的奏捷，初步满足了吴王夫差称霸中原的"初心"，但是，它对于吴国的长远发展来说，可真的绝不是什么福祉，而恰恰是可怕的祸患。夫差因战胜强敌齐国而更加忘乎所以，骄狂膨胀，不可一世，更加不顾一切，独断专行，倾吴国全国之力北上中原，进而与自己多年的"恩主"晋国争夺霸主的宝座，千里远征，劳师动众，为越国日后的复仇提供了机会。很显然，艾陵之战对吴国来说，在战役战斗以及战术上均是高度成功的，但是在战略上，却是完全失败的，它既是夫差争霸大业过程中的一次巨大胜利，但同时也是吴国由争霸顶峰走向衰亡的一个重大转折点。

四、自毁长城：伍子胥之死的寒蝉效应

艾陵之战的大胜，使得吴王夫差更加自信心爆棚，睥睨一切，与伍子胥等人在战略问题上的分歧更加无法调和。伍子胥眼见越王勾践的阴谋诡计得逞在即，吴国的社稷危在旦夕，自己的处境日趋不利，万般无奈之下，开始为自己寻觅后路，分散风

险。为此，他乘艾陵之战前夕出使齐国的机会，将自己的儿子托付给齐国的权臣鲍氏，"狡兔三窟"，希望在走投无路之际有一个投奔的处所。夫差伐齐获胜归国后，侦知这一消息，不禁勃然大怒，多年来一直嫉妒伍子胥的佞臣伯嚭，此时便乘机推波助澜、落井下石，诬陷伍子胥居心险恶，与敌方暗通款曲，要扮演"带路党"的角色，图谋不轨。夫差听了这番逸言，更是怒不可遏，暴跳如雷，决定对伍子胥痛下杀手。这场君臣之间的冲突，最终以夫差卸磨杀驴、过河拆桥，赐伍子胥以"属镂"之剑，迫令其自尽的悲惨方式而结束。

需要附带指出的是，伍子胥的好友、杰出兵学家孙武，也很有可能在这场灾难中受到池鱼之殃，因此而不幸殒命。这信息从班固的《汉书·刑法志》的相关文字中是有所透露的："孙、吴、商、白之徒，皆身诛戮于前，而国灭亡于后。报应之势，各以类至，其道然也。"吴起、商鞅、白起诸人的悲惨下场，史有明载，那么，与他们相并列的孙武，遭遇"身戮"，也应该是无可怀疑的。更何况，孙武身为齐人，而此时夫差已将齐国列为"敌对国家"，将有敌国背景的人加以诛杀，纯洁自己的队伍，恐怕也是理有固宜、势所必然了。至于后人有称孙武的最终归宿与张良、范蠡等人相似，是"脱然高引，不知所往"（《唐太宗李卫公问对》卷下），飘然隐逸，那应该是出于良好的愿望而穿凿附会而已！

伍子胥之死，当然是一出悲剧，导致这场悲剧的主要责任无疑该由吴王夫差来负，然而，一只巴掌拍不响，伍子胥在这中间也不是没有问题，他的才华、他的处事，尤其是他的性格，至少在他与夫差的矛盾激化中起到了催化剂的作用。

伍子胥自然极有才干，聪明睿智，深富韬略。当年伍氏遭遇灭门之祸时，伍子胥识破了楚平王传令召见的险恶用心，没有像兄长那样犯傻回郢都自投罗网，而是选择了辗转出逃，使楚平王的斩草除根计划未能完全得逞。这种在生死关头的沉着、冷静，是成就事业的基础，战胜挑战的本钱，可见伍子胥在政治舞台亮相伊始，便是一个极有主见、极有远略的非寻常人物。

春秋时期大臣出奔是很常见的事情，但是对出奔目的地的选择，却能反映该人的政治智慧与斗争韬略的高下。伍子胥没有逗留齐、晋等大国，也不曾漂泊于郑、宋等中小诸侯国，而是选择了南方地区的吴国，实在是高明之至。因为他懂得齐、晋等大国有的是各类人才，物以稀为贵，多了便不值钱，"长安米贵，居大不易"，在能人扎堆成窝的地方，自己想要立马脱颖而出、出人头地可是老大不容易，常言道："宁为鸡口，不为牛后"，去齐、晋实在不是上策；宋、郑等中小国家倒是会热情欢迎自己去投靠，稍做努力，谋个一官半职也大有机会，可是这些国家都小了一些，根本不能成为楚国的对手，其主观上也丝毫没有向楚国叫板的胆量，自己去了那里等于是白白忙活一场，自己父兄被杀之仇猴年马月可以得报！所以，郑、宋等小国不可能成为自己考虑投奔的选项，而强大起来的吴国必然会与近邻的楚国发生利益的冲突，双方对江淮流域的争夺是不可避免的。所以，自己要报父兄被杀之仇，必须借助于吴国之手。而吴国要实现削弱楚国实力，取代楚国成为南方霸主，也必然离不开自己的帮助，必须借助于自己的智谋。双方之间合则双赢，这个注，值得下。

战略的核心是高明预判战略形势，在多种可供选择的行动方案中，经过反复比较与权衡，选定最合理的方案，这正如流行歌曲《当爱情经过的时候》歌词所唱的"到下一个路口，是向左还是右，有谁来为我参谋"。战略就是决定向"左"或向"右"的"参谋"。伍子胥做出了向"左"向"右"的正确选择，证明他无愧为不世出的谋略大师、战略学家。

至于破楚入郢之后吴国新的战略主攻方向的选择，伍子胥的识见和判断也是完全正确的。当时，吴国要谋求进一步的发展，就必须在"南服越人"或"北威齐、晋"两个方向中做出正确的选择。区别主次轻重，循序渐进，以避免两线作战，陷于战略上的被动地位。

　　很显然，伍子胥是最坚定的"南进"派。他认为，吴国只有首先彻底打败越国，才能国基永固，霸业有成。总算苍天保佑，吴军在夫椒之战中大获全胜，此时灭越，有如探囊取物，不费吹灰之力。伍子胥自然不愿错过这样的良机，所以坚持"宜将剩勇追穷寇"，要求夫差当断则断，把灭越大业进行到底。因为他心里十分明白，越王勾践不是等闲人物，其左右股肱范蠡、文种更不是省油的灯，眼下越国虽然遭受严重挫折，但是只要其一息尚存，就有可能死灰复燃，卷土重来，所以不能不一鼓作气，乘势一举灭亡它，绝不能养虎遗患。另外，他认为灭亡吴国还可以确保他日吴国北进时没有后顾之忧，避免出现两线作战的被动局面，从战略角度考虑，灭越也是当务之急。

　　伍子胥的意见没有错，他对吴国的忠诚也无可置疑，可是为什么他的好心不能得到好报，正确的主张未被采纳姑且不说，甚至连自己的性命也给搭了进去，酿成最终的悲剧呢，这不能不联系到他的性格弱点和处事方式了。

　　常言说，"性格即命运"。这一点在伍子胥的身上体现得十分明显。从有限的史料记载来看，伍子胥的性格特征是刚强有余，圆通不足，他疾恶如仇，秉直而行，这固然有值得肯定的地方，可是过于执着，过于计较，有时不免不识时务，僵硬固执，把明明是正确的意见或做法异化为不合人情、不可理喻的言行，容易引起旁人的反感，惹来不必要的麻烦。正所谓"皎皎者易污，峣峣者易折……盛名之下，其实难副"。

这一点在攻入郢都后他的许多做法上有鲜明的反映。在双足踏上郢都大地的那一刻起，伍子胥就像得了失心疯似的实施最坚决的复仇。孔子说"以直报怨"，伍子胥不是不该复仇，问题是复仇的方式应该按常理出牌，能合乎一般人的思维习惯与行为方式，能够得到局外人的理解和认可。最高的原则，便是一切要适可而止，见好便收，切忌忘乎所以，失去方寸，按这个原则来对照伍子胥的复仇举动，我们会觉得伍子胥这方面显然做过头了：统领士兵掘开楚平王的坟墓，亲自鞭尸三百，并且"左足践其腹，右手抉其目"，大骂平王以泄愤恨，这的确是不顾社会舆论与影响、只图一时痛快的行为，是典型的仇恨与怨忿蒙蔽理智的结果，这当然是很难为他人所谅解和接受的。当时就有人对伍子胥的鞭尸事件提出批评和质疑，可正在兴头上的伍子胥哪里听得进去，反而用"日暮途穷"，可以"倒行逆施"的理由为自己进行辩解，这无疑是强词夺理，错上加错。

以伍子胥这样果决刚毅的个性，与同样是刚愎自用的吴王夫差凑合在一起，双方的隔阂与冲突乃是可想而知的。俗话说"一根桩上拴不得两只叫驴"，伍子胥如何能与夫差和谐相处？

更糟糕的是，伍子胥是和阖闾同辈的人，在夫差当朝中是典型的前朝元老了，对于夫差，他恐怕是会以子侄视之，扮演的是"亚父"的角色。而事实上，"亚父"的角色是最不容易扮演的，尤其是在自己很有主见和才干的子侄跟前，若是真的把"亚父"当作一回事，喜欢端起架子倚老卖老，指指点点，那么，受后辈的冷落，甚至恚恨实在是迟早的事情，如项羽对待范增，这中间固然有陈平的离间计因素，可是如果双方没有芥蒂，这样的小儿科手法又何尝能够得逞？其他像韩遂与马超，高颎与杨广，杨宇霆与张学良，关系的破裂都可以归结于这种"亚父"陷阱！历史上能大致摆脱这个陷阱的，恐怕也就是诸葛亮与刘阿斗了。其实即便是他们，似乎也是恩怨交织，关系也多少有点微妙，这从诸葛亮逝世后，刘禅拒绝臣民的请求，不允许为诸葛亮立庙祭祀一事中可以看出端倪。

伍子胥与夫差的关系似乎也有相似之处，夫差尊重伍子胥不假，但是这并不意味着伍子胥可以自说自话，我行我素，夫差毕竟是成人，又打了像夫椒之战这样的特大型胜仗，正踌躇满志，不可一世呢，可是伍子胥偏偏倚仗自己的功勋与资格，要对夫差的北上争霸计划说三道四，评长说短，要求夫差像孩子一样听信顺从他的意见，这当然会让夫差感到很是没有面子，心中的恼怒与抵触是可想而知的，只是碍于情面，没有马上发作而已。如果说，伍子胥发表意见前，夫差还游离于南下或北上的两难选择的话，那么，经伍子胥一激，他此时恐怕反而真的下了决心：就不听你的唠叨多嘴，你越是主张南下灭越，那我就不信这个邪，偏偏要北上中原，与齐、晋等大国周旋一番，看看在吴国究竟是谁做主人，谁说话算数。这样一来二去，伍子胥自然被边缘化了，甚至连生命都处在了危殆的境地。

其实，我们可以设想一下，如果伍子胥性格上稍稍圆滑一些，让自己南下灭越的主张，借其他人之口说出来，自己不做出头橡子，或者干脆正话反说，故意去奉迎夫差的北征计划，搞不好，倒很有可能会使夫差临事而惧，变得犹豫疑惑起来，以至于最终放弃这种战略上明显存在漏洞的选择。可"亚父"型的伍子胥迫不及待掺和了进来，便使得事情愈发复杂化，完全走向了他初衷的反面。

伍子胥将儿子托付给齐国鲍氏抚养的行为，更使得他的死期迅速地到来。"狡兔三窟"，自我保护，给自己找个退路的做法本来无可厚非，可是在君臣关系已十分微妙的情况下再这么做，等于是横生枝节，火上浇油，使夫差坐实了对伍子胥建议灭越、反对伐齐动机的怀疑。在夫差看来，伍子胥这么做，是"不忠""怀有贰志"用心的大暴露，更何况他的"窟"是营造在即将征伐的敌手地盘上，实在是"是可忍，孰不可忍"。谁知道伍子胥聪明一世，竟会如此懵懂一时，他死在属镂剑下，的确是无可奈何的事情。

伍子胥是典型的性情中人，"强梁"是他的显著性格特征，可哲人老子早就说过，"木强则折，兵强则灭"，"强梁者不得其死"，伍子胥的性格早已埋下了"不得其死"的根子，所谓"勇于敢则杀，勇于不敢则活"。同时，伍子胥是元老，是"亚父"级人士，对这类人来说，在新的主子面前，最好的处世方式是遇上矛盾绕着走，碰上难题三缄口，孔子说"不在其位，不谋其政"，又说"君子思不出其位"，伍子胥呢，以他特殊的背景，则应该更进一步，做到"在其位，不谋其政"，这样，他才有可能与雄心勃勃、顾盼自雄、踌躇满志、刚愎自用的夫差相安无事。

然而，伍子胥毕竟不同于后世的长乐老冯道诸人，他不但要"谋其政"，而且有大包大揽、越俎代庖的嫌疑。这如何能让夫差容忍，如何能让夫差舒坦，双方的彻底决裂是无法避免的事情。等到伍子胥将儿子托付给齐国鲍氏的秘密被揭露，这时候，伍子胥再聪明，再能干，也是百口莫辩，一败涂地了。

幻想用人力去主宰事物、操纵政治，只会使得一切变得混乱糟糕，走向反面，"为者败之，执者失之"，事与愿违，种瓜得豆，"播下的是龙种，收获的却是跳蚤"。正如老子告诫孔子的那样：明察秋毫者容易自蹈死地，这是因为其议论他人；博学多闻者容易危及自身，因为其批评他人。还是糊涂一些，不要固执，

"毋以有己"，忘了自己吧。伍子胥无法做到"毋以有己"，再加上顶着"亚父"这样不尴不尬的特殊身份，无怪乎是进退维谷、动辄得咎，从这个意义上讲，伍子胥之死在某种程度上也多少要责怪他自己。此可谓"理有固宜，势所必然"！

但是，不管怎么说，伍子胥之死，实质上是夫差战略谋划上刚愎自用，一意孤行，不容臣下"妄议"，在用人上信谗疑忠、摈贤弃能的必然结果。作为两朝元老，伍子胥对阖闾与夫差忠心耿耿，功勋卓著，在吴国臣民中享有极高的威望。他的含冤而死，使得吴国大臣们均滋生兔死狐悲、物伤其类之感，人人怵然自危，个个三缄其口，再也没有人敢对夫差的所作所为有任何的妄议，甚至于连"腹诽"也没有胆子了。夫差所能听到的，都是伯嚭这些人的阿谀逢迎之词，所得到的消息，不是鲁国服软了，就是齐国认输了，要么就是楚国怂了，或者是陈国怕了，等等，总而言之，岁月静好，唯独"吴国厉害了"！这让夫差的感觉越来越好，真的以为"如欲平治天下，当今之世，舍我其谁也！"总之，诛杀伍子胥是一个具有标志性意义的事件，它表明夫差已完全丧失了理智，蜕变为一名彻头彻尾的暴君，既"君视臣如草芥"，那么合乎逻辑的，就是"臣视君如寇雠"，因此，这也意味着吴国的前途惨淡无光，不断向下沉沦，已不可能出现什么转机了！

五、后院起火：姑苏失陷的象征意义

既然那个饶舌多嘴的伍子胥永远不会再开口了，再也无人对自己的高明伟大的战略方针进行掣肘，夫差于是就加紧推行其北上争霸中原的具体计划。公元前483年夏天，夫差与鲁哀公相会。同年秋天，夫差又和卫出公、宋大夫皇瑗等人在郧（今山东莒县南）开会。做了这些铺垫之后，夫差决定动真格的了，于公元前482年，决定大举北上，准备从天下第一强国晋国那里，抢夺那顶"霸主"的桂冠。事先，他发出邀请函，预约晋定公、鲁哀公等诸侯前往黄池（今河南封丘南）会盟。

吴太子友并没有脑残，他对君父的这种嚣张行径感到十二分的担忧，他曾经假借"螳螂捕蝉，黄雀在后"的现象，来委婉讽谏父王夫差悬崖勒马。一天清晨，太子友拿着弹弓从后园来见，夫差见他的衣服与鞋子都被水沾湿，狼狈不堪，就诧异地询问其中的原因。太子友胸有成竹，遂从容不迫地回答说："适游后园，闻秋蜩之声，往而观之。夫秋蝉登高树，饮清露，随风揥挠，长吟悲鸣，自以为安。不知螳螂超枝缘条，曳腰耸距，而稷其形。夫螳螂翕心而进，志在有利，不知黄雀盈绿林，徘徊枝阴，踟跃微进，欲啄螳螂。夫黄雀但知伺螳螂之有味，不知臣挟弹危掷蹭蹬飞丸而集其背。今臣但虚心志在黄雀，不知空埳其旁，闇忽陷中，陷于深井，臣故袷体濡履，几为大王取笑！"（《吴越春秋·夫差内传》）很显然，太子友这时见父王夫差有如脱缰的野马，一意孤行，死不旋踵地往灭亡的深渊疯狂奔跑，遂鼓起勇气，不再转弯抹角，直截了当地谏阻道："吴悉境内之士，尽府库之财，暴师千里而攻之。夫吴徒知逾境征伐非吾之国，不知越王将选死士，出三江之口，入五湖之中，屠我吴国，灭我吴宫。天下之危，莫过于斯也！"（《吴越春秋·夫差内传》）

可是，已为攫夺中原霸权的幻梦主宰了头脑的夫差，此时正在兴头上，哪里听得进这些诤言。只以为艾陵一战，杀得老牌霸主齐国满地找牙，惨不忍睹。中原诸侯皆恐慑于吴的威势，不管是不是真的心甘情愿，都只能西瓜偎大边，向吴国效忠输诚，霸权已是水到渠成，瓜熟蒂落，吴国切不可失去这个千载难逢的机会。故依然故我，我行我素，锐意进取，痴迷北上。这种既不知彼，又不知己，不曾全面权衡战略形势，轻忽越国偷袭后方危险的神操作，其实是"盲人骑瞎马，夜半临深池"，危殆至极，它决定了夫差的黄池争霸一幕必定将以悲剧性结局而告终！

鲁哀公十三年（公元前482年）夏，夫差仅仅留下太子友、王孙弥庸和寿于姚等人率领老弱二线部队一万余人守卫都城姑苏，自己则亲自统率吴军主力从邗沟北上，经淮水、沂水、泗水，转济水，进抵宋、卫、郑、晋四国交界处的黄池（今河南封丘），在那里与晋定公、鲁哀公及周王朝卿士单平公召开大会，举行会盟。

勾践见吴军主力倾巢而出，"精兵从王，惟独老弱与太子留守"（《史记·越王勾践世家》），先是出于吴国"兵始出境未远，闻越掩其空虚，兵还不难"（《吴越春秋·勾践伐吴外传》）的考虑而沉住气，暂时引而不发，按兵不动。待吴军长途跋涉、辗转抵达黄池后，则把握战机，迅速展开行动。"乃发习流（习于水战的部队）二千人，教士（训练有素的战士）四万人，君子（贵族甲士）六千人，诸御（各级军官）千人伐吴。"（《史记·越王勾践世家》）在兵力部署上，勾践按照兵法"以正合，以奇胜"的基本原则，将5万余的军队分为两支：范蠡、舌庸率领一支偏师"沿海沂淮"，策应越军主力的行动，并切断吴军自黄池返国的归路。勾践本人则统率越军主力从陆路乘虚袭击吴国都城姑苏。

越王勾践所率领的数万越军主力很快就进抵姑苏城郊，在那里同吴太子友所率领的吴国留守部队展开激烈的战斗。战斗伊始，吴军击退了越国的先头部队，取得了初战的胜利。但是，毕竟因兵力处于绝对的劣势，且留守的军队成员构成中老弱病残人数居多，战斗力不强，在随后的战斗中，吴军连战皆负，一败涂地，士气低落，斗志瓦解。越军则乘胜追击，俘虏吴太子友、将军弥庸和寿于姚等人，并一举攻入吴都姑苏，焚毁了姑苏台，夺走了专供夫差乘坐游玩的大船，取得了袭击吴都之战的重大胜利："吴师败，遂杀吴太子"（《史记·越王勾践世家》），"入其郛，焚其姑苏，徙其大舟"（《国语·吴语》）。

六、终执牛耳：聊胜于无的盟主光环

越军攻入吴都之时，适逢吴王夫差在黄池举行盟会、争当霸主的前夕。夫差认为吴国应当在诸侯会盟上执牛耳，首先歃血，充当盟主，理由是"于周室，我为长"，当惯了龙头老大的晋国人不干了，声称"于姬姓，我为伯"（《左传·哀公十三年》）。双方各执一词，争讼无已。这时，夫差听说都城陷落，太子友被俘杀，又惊又恐，方寸大乱。为了防止泄露消息，以致动摇军心，他亲手在帐幕中将赶来报信的七个人杀死，并采纳大夫王孙雒的建议，决定孤注一掷，以强大的军威逼迫晋国方面作出让步，由吴国担当诸侯盟主，然后全军而返，再视情况来决定与越国或议和，或决战。

为此，吴军遂乘夜色的掩护，"秣马食士"，夜半时分，夫差"乃令服兵擐甲，系马舌，出火灶，陈士卒百人，以为彻行百行"（《国语·吴语》），向晋军驻地潜行。吴军排列成三个方阵，中军方阵的将士都身着白衣，披素色铠甲，饰白羽，树白色旌旗，

“望之如荼”，夫差亲自秉执斧钺，立于方阵当中。左军方阵的将士都身穿赤衣，披红色铠甲，饰朱羽，树红色旌旗，“望之如火”。右军方阵的将士都身穿玄衣，披黑色铠甲，饰乌羽，树黑色旌旗，“望之如墨”。三军共3万人，于鸡鸣时分开进到距离晋军驻地前一里地之处，于天色刚亮之际，擂鼓呐喊，“三军皆哗扣以振旅，其声动天地”（《国语·吴语》）。晋军惊恐万状，赶忙勒军防守，不敢有丝毫的怠慢。

晋国是当时世上第一强国，除了那个南蛮荆楚，谁也不敢在它面前兴风作浪、张牙舞爪。晋定公见夫差折腾着来了这一出，心里自然是老大的不高兴，遂派遣大夫董褐出使吴营，质问夫差：“两君偃兵接好，日中为期，今大国越录，而造于弊邑之军垒，敢请乱故？”（同上）夫差回答说：周室衰败，诸侯都不贡财宝，使天子落到十分寒碜、可怜兮兮的地步，不能祭祀上天，真是威风扫地、丢人现眼。这周天子之所以如此落魄，就是因为没有像吴国这样的姬姓国出面辅佐。必须老实不客气地讲，贵国君王私心太重，见利忘义，不忧周室，欺凌小国，已无资格再充当什么诸侯之长了，而该轮到吴国来支撑场面，主持正义了：“天子有命，周室卑约，贡献莫入，上帝鬼神而不可以告。无姬姓之振也，徒遽来告。孤日夜相继，匍匐就君。君今非王室不平安是忧”，“孤欲守吾先君之班爵，进则不敢，退则不可。今会日薄矣，恐事之不集，以为诸侯笑。孤之事君在今日，不得事君亦在今日。为使者之无远也，孤用亲听命于藩篱之外。"（《国语·吴语》）很显然，夫差同晋国争霸的主要手段，还是着眼于争取舆论上的主动，树的还是"尊王攘夷"这杆大旗。

董褐将夫差的言辞向晋定公作了禀报，然后又向正卿赵鞅分析了吴军的虚实："吾观吴王之色，类有大忧，小则嬖妾、嫡子死，不则国有大难。大则越入吴。将毒，不可与战。"（同上）鉴于吴王夫差孤注一掷的心态和吴军不可小觑的实力，他明确建议晋国方面切忌为了"面子"而与吴国硬顶着来，而应当虚与委蛇，做出必要的让步与妥协。

所以，先是同样按照尊王、勤王这个政治正确的逻辑，挫一下夫差的锐气与傲慢："今君掩王东海，以淫名闻于天子。君有短垣，而自逾之，况蛮、荆则何有于周室？夫命圭有命，固曰吴伯，不曰吴王，诸侯是以敢辞！夫诸侯无二君，而周无二王，君若无卑天子，以干其不祥，而曰吴公，孤敢不顺从君命长弟！"（《国语·吴语》）夫差自称"吴王"，按"周无二王"的礼制，实是对周天子的大不敬，这番话让夫差灰头土脸，无言以对。

在逼使吴王夫差理屈词穷，老老实实去掉"王"的名号，而改称"吴公"的前提条件下，晋国也要把握分寸，收放自如，见好就收，展示晋国的豁达大度，允许由吴王夫差在这次黄池会盟上执牛耳，率先歃血誓盟，充当霸主。总之，让心浮气躁的夫差得所谓的"面子"，而让自己得其"里子"。

他的这个建议为赵鞅和晋定公所采纳。秋七月辛丑日，吴王夫差和晋定公、鲁哀公在黄池正式举行会盟仪式。夫差在晋定公之前率先歃血，终于从晋国手中抢到了盟主的桂冠（关于黄池之会上谁为盟主之事，史料记载有出入：《国语·吴语》《公羊传》《史记》中的《秦本纪》《晋世家》《赵世家》谓吴为盟主；《左传》和《史记·吴太伯世家》则谓晋为盟主。本文从前说）。黄池大会之后，夫差委派大夫王孙苟向周敬王报告会盟的成功和表达对王室的敬意。饱尝"门前冷落车马稀"世态炎凉之滋味的周敬王，对吴国的效忠自然是喜出望外，感激不尽："伯父若能然，余一人兼受而介福。伯父多历年以没元身，伯父秉德已侈大哉！"（《国语·吴语》）赐给吴国一批上等的弓弩和其他礼物，并增赐"号谥"，使夫差的霸主地位在形式上显得更加名正言顺。

行礼如仪之后，夫差统率吴军主力匆匆南返。在归途中，夫差想顺手牵羊，顺路讨伐不赴黄池之会的宋国，以显示所谓新"霸主"的威风，但自家后院正在着火，不容吴军顿兵挫锐于宋都城下，不得已，只好悻悻然罢手。随着时间的推移，都城失陷，太子殒命的消息已无法保密，军心因此而涣散，将士士气低落，斗志消沉，加上长期远征，往返奔波，导致人困马乏，难以为继。夫差自知已无力同越军进行决战，只得派遣心腹大臣伯嚭携带大量礼物前往越军大营，请求与越王勾践体面议和。勾践君臣鉴于吴军主力尚基本上完好无损，此时灭吴并没有充分的把握，遂接受了夫差的议和请求，"越自度亦未能灭吴，乃与吴平"（《史记·越王勾践世家》），于同年冬天撤出吴郊，班师回国。

夫差的黄池争霸和越军乘虚袭击吴都姑苏，是吴越战争历史上的一个重大转折点。从表面上看，黄池大会上气吞山河、傲执牛耳，是夫差念兹在兹一代霸业的顶峰，一道亮丽的风景线，然而，这"顶峰"却处于阴霾密布的失败气氛之中。夫差在盟会上所得到的是业已成为明日黄花、早已过了气，毫无实际利益的"虚名"，所失掉的则是实实在在的战略利益和真正有用的军事优势。"沉舟侧畔千帆过，病树前头万木春"，倘若此时此刻"霸主"的头衔真的还有什么价值，人家货真价实的"老大"——晋国，哪里会如此轻易地"让贤"，还不和你拼个你死我活？"修昔底德陷阱"哪里是这么好跨越的？要知道当年晋文公、楚庄王能够"取威定霸"，那可是真刀实枪花了血本给打出来的。普天之下，岂会有免费的午餐！可见，当"霸主"这个虚幻的梦想，实在是害惨了脑子进水的夫差。

相反，越国方面则通过乘虚奇袭吴都姑苏而赢得重大的战果，争取到对吴作战的战略主动权。具体地说，这次奇袭吴都之战，是越王勾践自夫椒之战惨败以来对吴发动的第一次战略进攻。它的胜利，使越国彻底摆脱了对吴国的臣属地位，严重破坏了吴国的经济，聚歼了吴国留守姑苏的兵力，削弱了吴国的军事力量，沉重地打击了吴国军民的士气，挫伤了其士气，同时利用缴获的吴国资财充实了自己，"车杂而乘之，卒善（应作"共"）而养之，是谓胜敌而益强"（《孙子兵法·作战篇》)，极大地提高了战胜吴国的信心。从此以后，吴越战争的胜利天平完全倒向了越国这一边。越军气势如虹，步步进逼，屡战屡胜，摧枯拉朽，而夫差则大势已去，败象毕露，心劳日拙，一蹶不振。吴越战争遂进入了新的也是最后的阶段，距离曲终人散，已经是指日可待了！

伟大的军事理论家克劳塞维茨这么说过："（在军事活动中）智力是主要的。战争是充满不确实性的领域。战争中行动所依据的情况有3/4好像隐藏在云雾里一样，是或多或少不确实的。因此，在这里首先要有敏锐的智力，以便通过准确而迅速的判断来辨明真相。……战争是充满偶然性的领域，人类的任何活动都不像战争那样给偶然性这个不速之客留有这样广阔的活动天地……要想不断地战胜意外事件，必须具有两种特性：一是在这种茫茫的黑暗中仍能发出内在的微光以照亮真理的智力；二是敢于跟随这种微光前进的勇气。前者在法语中被形象地称为眼力，后者就是果断。"①勾践君臣偷袭姑苏，摧枯拉朽，一举成功，其奥秘就在于他们的智力超凡入圣，既有睿智超群的眼力，又有"静以幽，正以治"的才具，该出手时就出手，有一种杀伐坚决、勇往直前的果断！

① ［德］克劳塞维茨.战争论：51-53.

第七章 君子斗不过小人：吴越的恩怨了断

一、喋血笠泽：夫差已是回天乏术

夫差北上黄池与晋国争夺霸主宝座，造成国内防御空虚，这样千载难逢的机会，老谋深算、诡计多端的越王勾践，是绝不会轻易放过的。文质彬彬，温文尔雅，这绝不是勾践的风格。勾践既然是越国的领袖，生于斯长于斯，那其身上必定要打上越地文化与传统的深深烙印，这就是坚忍不拔，死不旋踵，所谓"文身断发，披草莱而邑焉"（《史记·越王勾践世家》）。这种恶劣的环境，艰辛的生活，使得其地民风剽悍凶猛，尚武好斗，"吴、粤（越）之君皆好勇，故其民至今好用剑，轻死易发"（《汉书·地理志下》）。与之相对应，越王勾践对西周以来的礼乐文明并不感冒，常常对周礼中那些繁文缛节的东西不屑一顾。正是这种原始的野性与莽撞，促使他屡屡弃所谓规则于不顾，动辄就突破传统认可的道德观念底线，在这种背景下，他遂敢冒天下之大不韪，乘机偷袭吴都，彻底扭转了吴越战争的战略态势，使得这场战争完全进入了由勾践掌控的节奏。

越军乘虚偷袭吴都姑苏之战，只是越国战略反攻的一个标志性事件。"树欲静而风不止"，吴越战争还要继续，一直打到有一方彻底从地球上蒸发掉为止。

越军偷袭姑苏之役后，夫差被迫低声下气、卑躬屈膝向过去的手下败将越国求和。两国的战事暂时消停了几天。夫差此时才感觉到黄池之会上费尽心机抢来的那顶"霸主"桂冠其实是徒有其表，一钱不值。当务之急，是避免亡国灭种之祸的降临。鉴于吴国因连年战争，有生力量消耗严重，"士民罢弊，轻锐尽死于齐、晋"（《史记·越王勾践世家》），且生产遭到破坏，灾荒频繁，国内空虚，经济一蹶不振的现实，夫差意识到自己已没有什么筹码了，形格势禁，只能全面收缩，汲汲于自保。为此，他就一厢情愿地"息民散兵"（《吴越春秋·夫差内传》），"罢师而不戒"（《国语·吴语》），企图用时间换空间，缓缓地恢复元气，养精蓄锐，待机再举。其实，这么做，是违背最基本的军事原则的，即：在退却或失败的状况下，要切忌分散兵力，确保军队集中的原则没有丝毫的动摇，从而为恢复元气、卷土重来创造必要的条件。"任何其他分兵退却的做法，都是极其危险的，是违背事物的性质的，因而也是非常错误的。军队在任何一次失败的会战中都处于削弱和瓦解的状态，这时，最迫切需要的是集中兵力，并在集中的过程中恢复秩序、勇气和信心。"①夫差反其道而行之，也实在是太天真了，这样做，在某种意义上说，恰恰是加速了吴国的最后灭亡。

黄池会盟后的第二年，柏举之战失利后沉寂了一段时间的楚国，又开始蠢蠢欲动了，它见到吴国连年征战，民疲兵困，败象毕露，也决定插上一杠子，趁火打劫，落井下石，以雪当年郢都陷落之耻，遂派遣令尹子西统率舟师攻击吴国。翌年，忍不下这口气的夫差率军回攻楚国，但虎落平阳被犬欺，竟让楚国打得找不到北。这表明吴军的整体作战能力已明显下降，再也不是那支人见人怕的骁勇善战之师了。

孙武曰："先为不可胜，以待敌之可胜。"（《孙子兵法·形篇》）虎视眈眈的越国君臣是绝对不会放过这样送上门来的机会的。文种等大臣清醒地看到吴国军队疲惫削弱，防务松弛，内外交困，有隙可乘等状况，建议勾践进一步加强战争的准备，以期同吴国进行最后的决战，彻底了断吴越几十年来的恩怨情仇。勾践听了正中下怀，采纳这些建议，在国内明赏罚，备战具，严军纪，练

---

① ［德］克劳塞维茨. 战争论：307-308.

士卒，做好了充分的临战准备。

公元前478年，吴国"屋漏偏逢连夜雨，船破又遇顶头风"，又遇上了数十年不遇的严重干旱，仓廪空虚，民不聊生，大量饥民被迫就食于东海之滨，亡国的阴霾笼罩在所有吴国君臣和子民的头上。勾践见状遂召集众大臣集思广益，群策群力商议攻伐吴国大事。大夫文种指出，吴国之亡已是天意，越国伐吴的天时和人事条件皆已成熟，如果立刻起兵攻打吴国，可以势如破竹，一蹴而就。大臣范蠡也认为伐吴的条件已完全具备，胜券在握，时不我待，建议勾践打消任何顾虑，立即动员民众，集结部队，征伐吴国："从时者，犹救火、追亡人也，蹶而趋之，唯恐弗及。"（《国语·越语下》）勾践认为范蠡、文种所言极是，遂痛下决心，拍板定案，决定倾整个越国的力量，大举进攻吴国，让十年生聚十年教训的努力，结出丰硕的成果！越军出动时，越国全境出现了父兄昆弟互勉杀敌的壮烈场面，这表明勾践多年来对臣民的"洗脑"努力收到了非常理想的效果。

同年三月，越王勾践亲自统率斗志昂扬、士气饱满的越军主力迅速北上，雄赳赳，气昂昂，跨过钱塘江，直趋吴国腹心，决定吴、越两国最终命运的关键一战——笠泽之战正式打响了。

越军气势如虹，锐不可当，推进顺利，很快就抵达笠泽（水名，在今江苏苏州南，自太湖东至海）附近。吴王夫差闻报越国大军压境，不胜震恐，无奈之下，只好强打精神，统率都城姑苏所有的部队出城迎战越军。吴军在江北，越军在江南，双方剑拔弩张，隔水对峙。

越军是越境作战，在战争中处于"客"的地位，对它来说，需要变客为主，以争取主动。为此，越军统帅部根据身为"客军"，利在速战速决的客观现实，并针对渡河作战的具体要领，决定"分别奇正""变易主客"，采取"示形诱敌，中路突破"的机动战术打击吴军。他们在主力的两翼派出部分部队，为"左、右勾卒"（《左传·哀公十七年》）。黄昏时分，勾践下令"左勾卒"溯笠泽之水上行五里，在那里隐蔽待命；又命令"右勾卒"顺着笠泽之水下行五里，在那里隐蔽待命。到了夜半时分，勾践下达命令，让预先秘密潜伏的"左、右勾卒"同时鸣鼓举火，放声呐喊，对吴军进行佯攻。夫差肝胆俱裂，惊慌失措，误以为越军兵分两路渡江进攻，"将以夹攻我师"，一时间慌了手脚，遂仓促应战，做出了完全错误的作战部署，将吴军一分为二，分别前去抵御越军上下相隔十里的两路进攻，稀里糊涂地中了勾践君臣诱敌分兵的圈套。至此，吴军变主为客，而越军则是反客为主，战场态势发生了根本性的转变。

越王勾践见夫差中了自己的算计，完全按自己预先摹写的脚本来演出，不禁心花怒放，遂及时下达命令，指挥越国中军主力人人衔枚，从中路正面潜行渡河，出其不意地插入吴军两路中间的薄弱部位，发起凌厉的攻势，其兵锋直捣吴军的中军大本营。吴军变生肘腋，事起仓促，猝不及防，顿时大乱。吴军的左右两军见中军情势危急，险象环生，急欲向中军靠拢，但为越军的"左、右勾卒"所阻击，无法会合，陷入分离涣散、孤立作战的被动处境，以致被越军各个击破。一场血腥厮杀下来，吴军大败，全线崩溃，越军完全占据了整个战场上的主动权。

取得决战胜利的越国雄师发扬再接再厉、连续作战的作风，对溃败逃窜中的吴军实施不间歇的追击，又先后在没溪（今江苏苏州南郊）和姑苏城郊两度追及吴军，对其加以歼灭性的无情打击，消灭了吴军大量的有生力量，大破吴军。吴军"三战三北"，一败涂地，再也无法组织起有效的抵抗。吴王夫差仅率数量少得可怜的残兵败将逃入姑苏城内，惊魂甫定，龟缩不出，试图垂死挣扎。至此，越军取得了笠泽会战的全面胜利。

笠泽之战是吴越兼并战争中，具有关键意义的战略决战。它使得曾经雄霸东南地区的吴国遭受了前所未有的惨重打击，其主力精锐几乎全军覆没、荡然无存，从此一蹶不振、日暮途穷，再也无力抗衡越国的战略进攻。越国方面则因这次战役的全胜而确立了对世仇吴国的绝对战略优势，"胜兵若以镒称铢"，其翦灭句吴、彻底复仇已仅仅是个时间问题了。

从战略指导的角度来分析，笠泽之战是一次突然性的战略进攻。吴、越议和之后，勾践并没有停止战争的脚步，继续从事终极战略决战的准备，积聚起进行战略决战的充足力量，并且利用吴国"息民散兵"的天赐良机，及时集中优势兵力，攻其无备，出其不意，使吴军陷于完全被动的困境，在战略上再一次体现了乘隙蹈虚、大创聚歼、"践墨随敌，以决战事"、一举而克的显著特点，即所谓"兵之情主速，乘人之不及，由不虞之道，攻其所不戒也"（《孙子兵法·九地篇》）。笠泽之战是中国历史上比较早的一次河川机动进攻作战，越军选择的渡河时间是在夜间，这比较有利于部队的隐蔽集结，欺敌误敌。其运用的渡河方式是两翼佯攻，调动对手，"致人而不致于人"，然后乘敌空虚，"并敌一向"，中央突破，这有利于部队的机动灵活，出敌不意，牢牢把握作战上的主动权，收到"必攻不守"的奇效。其兵力使用，是集中精锐部队于主要的突击方向上，形成泰山压顶之势，这有利于横扫千军，一举突破，这合乎中外战争的一般规律，即主攻方向只能选定一个，而不能面面俱到。恰如瑞士著名军事学家若米尼所说的，"作战线的方向只能指向敌军中央或其两翼之一。除非在兵力上占无限的优势，才可以同时对敌军的正面和两翼采取行动。否则，在任何情况下，假使对敌军正面和侧翼同时采取行动，那都是犯了极大的错误。"① 而在达成中央突破之后，又连续进攻，不容间歇，这有利于扩大战果，使对手无法重整旗鼓，组织起有效的抵抗，从而予敌以歼灭性的打击，夺得了压倒对手的绝对优势。

从这些方面来观察，越军在笠泽之战中的战略指导与战术运用都是非常成功的，足以与后来楚汉战争中"战神"韩信"声东击西""避实击虚""奇正相生"，以木罂渡河一举平定魏地的高超指挥艺术相媲美。若米尼曾经指出："一个统帅的高超指挥艺术，无疑是胜利的最可靠的保证之一，尤其是在交战双方的其他条件都完全相等时，更是如此。"② 笠泽之战中，越王勾践以及范蠡等人的作战指挥艺术，可谓真正进入炉火纯青、出神入化的美妙境界。

吴王夫差在笠泽之战的惨败，同样不是偶然的。其中最主要的原因，首先是他对勾践的狠毒缺乏足够的认识，没有料到勾践的凶悍早已完全超出了自己所能想象的限度，根本看不到勾践已是王八吃秤砣——铁了心要灭亡吴国的战略企图，因而十分错误地采取了"息民散兵"的举措。平心而论，吴国经过连年征战，已是力不能支，又加上大旱等无妄天灾，更是山穷水尽、奄奄一息。在这种情况下，"息民"当是有其一定的合理性与必要性的，

---

① ［瑞士］若米尼. 战争艺术概论：134.

② 同①62.

但是，"散兵"则大错特错，它使得已经士气萎靡不振的军队雪上加霜，散而不集，如同一盘散沙，从而为越军的战略突袭提供了契机，创造了条件。其次，是吴王夫差的作战指导思想有严重的失误。本来越军声势正盛、斗志昂扬，而吴军疲弱缺乏战斗力乃是客观的现实，夫差不宜撄其兵锋，而应该采取避敌锋芒、持久固守的战略方针，待敌人疲惫，条件成熟后，再伺机与敌决战。可是他性情过于刚愎，竟然不顾敌强我弱的客观形势，过早地与士气旺盛的越军展开决战，以致陷于极大的被动，使局势糜烂，一发而不可收拾。普鲁士军事理论权威克劳塞维茨强调："军事行动要求人们必须具备智力和感情力量的各种表现。智力到处都是一种起主要作用的力量，因此很明显，不管军事行动从现象上看多么简单，并不怎么复杂，但是不具备卓越智力的人，在军事行动中是不可能取得卓越成就的。"[①]夫差显然不是能取得"卓越成就"的人。最后，是夫差在具体的战术运用方面存在严重问题。在作战过程中，夫差昧于形势，不察敌情，被越军佯攻的假象所迷惑，做出了错误的部署与指挥，以致中军的两翼暴露，遭到越军主力的夹击，导致惨败。在退却时又未能控制部队，结果一败再败，全线崩溃。克劳塞维茨曾经这么说过："军队在任何一

---

① ［德］克劳塞维茨.战争论：69.

次失败的会战中都处于削弱和瓦解的状态，这时，最迫切需要的是集中兵力，并在集中的过程中恢复秩序、勇气和信心。"①夫差不能在会战失败后集中兵力，恢复秩序，其最后失败的命运也就无法改变了。

二、姑苏悲歌：没有底线的勾践笑到了最后

笠泽之战后三年，即公元前475年，越王勾践再一次大举进攻吴国，越军势如破竹，所向披靡，一路连胜，高奏凯歌，杀得吴军"大败军散，死者不可胜计"（《吴越春秋·夫差内传》）。越军如入无人之地，很快便进抵姑苏城下。鉴于夫差困兽犹斗，率领那些死忠的残兵固守坚城姑苏，一时间不能马上攻克，于是，勾践就采取了紧紧围困的方法，指挥越军将孤城姑苏团团加以包围，水泄不通，断绝其粮道，企图困毙吴军，以最后夺取姑苏，彻底灭亡吴国。

身陷绝境的吴王夫差不甘心束手就擒，坐以待毙，一方面派遣吴军时不时地出城挑战，"一日五反"（《国语·越语下》），然而，越军不予理睬，吴军无计可施，徒呼奈何！一方面又派遣使者潜出姑苏，千里迢迢跑到晋国，恳求晋国伸出援手，可晋国虽

---

① ［德］克劳塞维茨.战争论：308.

有心支援，但鞭长莫及，力不从心，且对黄池之会上夫差的所作所为记忆犹新，怨气未消，因此，也没有真正全力以赴去驰援，甚至连以霸主名义开个诸侯大会，发表一个共同声明，声援一下夫差这种举手之劳的事情都不曾做一下，只是派使者前往慰问一下夫差，给予一点精神上的鼓励，典型的口惠而实不至的虚应故事。至此，夫差坐困愁城，计无所出，完全陷入了绝境。

周元王三年（鲁哀公二十二年，前473年），吴都姑苏在被全面围困近三年之后，已势穷力蹙，难以为继，"吴师自溃"（《国语·越语下》），"士卒分散，城门不守"（《吴越春秋·夫差内传》），处于土崩瓦解的状态。越王勾践把握战机，遂于同年十一月指挥越军对姑苏城发动最后的总攻，守城的吴国残军一触即溃，兵败如山倒，越军很快攻入姑苏城内，并迅速予以占领。吴王夫差在城破时率少数亲信残卒仓皇逃窜到城郊的姑苏台上（今江苏苏州西南姑苏山上），但旋即为追踪而来的越军团团包围。夫差无可奈何，硬着头皮，派遣大臣王孙雒以卑辞尊礼向越王勾践求和，请求勾践按古典"军礼"的原则，"又能舍服"，放自己一马。

夫差这样做，也天真得可以，人家越王勾践可不像你夫差，对古典"军礼"尚有些许的敬畏和尊重，而是视之为敝屣，不屑一顾，对勾践来说，道德是可以没有底线的，游戏是不讲什么规则的。他早已敏锐地捕捉到了时代变化的趋势，"争霸"行将退场，"兼并"才是方向，他才不会让那些"军礼"的陈腐教条捆住自己的手脚，才不会玩纵虎归山的戏码，于是乎，他断然拒绝了夫差的哀求："昔天以越赐吴，而吴不受。今天以吴赐越，孤敢不听天之命，而听君之令乎！"（《国语·吴语》）

不过，这个阴鸷雄猜的勾践倒没有把事情做绝，他答应保留夫差的性命，准备将夫差安置在甬东（今浙江舟山一带）："请您到甬东居住，我将下令安排三百家为您执事服役。唯王所安，以享天年。"生性高傲的夫差这时倒是表现出一些男子汉大丈夫的精神气概，给自己留住了一点最后的尊严，"我已老了，不能再侍奉君王勾践您了"，"上天降下灾祸到吴国头上，当我之身而陨落吴国的宗庙社稷。如今吴国的土地人民已归越国所有，我还有什么面目见天下之人！"作为曾经风光无二的一代霸主，夫差此时此刻首先想到的是自己的"面子"，他不愿在屈辱中苟且偷生，挺起胸膛，自缢身亡。至此，曾经强盛一时的吴国终于为后起的越国所吞灭，吴越战争胜负的最终归宿也就揭晓了！

吴越战争大幕落下，曲终人散，但影响的涟漪却数千年过去而尚未消逝。的确，胜利者越王勾践是一位英雄，他卧薪尝胆，十年生聚，十年教训，终于在吴越两国的生死较量中笑到了最后。换言之，他从绝境中奋起，历经艰苦卓绝的奋斗，终于统率越国军民一举战胜盘踞在今太湖流域一带的吴国雄狮，逆袭成功，成为春秋历史上的最后一位霸主，他的奋斗与成就，称得上是东山再起、卷土重来、死灰复燃、扭转乾坤的典范，他是名副其实的胜利者。

正是因为这个缘故，越王勾践便成为历史上备受肯定和推崇的正面人物。古人素来奉行"功利至上"的原则，所谓"成者王侯败者寇"，尤其是像勾践这样原本处于绝对劣势地位的人物，居然能凭借自己的不懈努力，而实现强弱态势的彻底转换，由失败者一变而成为胜利者，这实在是教人赞叹备至。在他身上，可以看到一种百折不挠的精神，韧性与坚强乃成就大事的前提，一般人很难具备，可是勾践做到了，这不能不让人惊诧，更不能不让人佩服。于是乎，数千年来，勾践就成了不屈服于命运，能够将未来掌握在自己手上的永远象征，"胆剑精神"也作为中华民族的精神文化资源而被讴歌、嘉许至今天。甚至于成了人们寄托忧国情怀赋予恢复中原追求的文化象征与精神符号：像南宋人柴望的《越王勾践墓》一诗，就很典型地反映了这样的意识："秦望山头自夕阳，伤心谁复赋凄凉。今人不见亡吴事，故墓犹传霸越乡。雨打乱花迷复道，鸟翻黄叶下宫墙。登临莫向高台望，烟树中原正渺茫。"

但是，历史唯物主义的基本观点告诉我们，任何历史人物与历史事件的考察与评价，不能离开"知人论世"的立场，不能以"成王败寇"的功利主义为唯一的判断标准。勾践固然赢了，但说到底赢得并不光彩；夫差的确输了，但输得很有尊严。勾践的胜利，说到底是突破人类道德良知的底线，蔑视和毁灭公认的规则为前提的；夫差之所以大败，身死国灭，同样是为他始终按规则出牌而付出惨痛的代价。从这个意义上讲，不加分析、不加区别地一味肯定越王勾践和绝对否定吴王夫差，在历史的价值取向上是会有问题的。因为它必然会导致价值观的紊乱和善恶观的颠倒，造成小人文化的猖獗和君子精神的沉沦。

三、横行淮泗：春秋战争的落日余晖

越王勾践坚忍不拔、含辛茹苦，经过20余年的不懈努力，终于灭亡了世仇吴国，成了华夏大地东南部又一个崛起的强国，即和晋、楚、齐一起"四分天下"的泱泱大邦（《墨子·非攻下》有云：楚、越、齐、晋"四国独立"）。从本质上说，勾践是个权欲熏心、不甘消停的君主，所以，不间歇的折腾，是他与生俱来的本性，而当时"国际"战略格局与态势，也为他肆意折腾提供了十分有利的条件。从公元前5世纪初期以来，晋国六卿间的争斗火并正进入白热化的状态，齐国内部田氏正野心勃勃、摩拳擦掌，欲置姜氏集团于死地，楚国则遇到内部"白公之乱"的大麻

烦，由此可见，晋、楚、齐这三个老牌大国在这个时候已是焦头烂额、自顾不暇了，哪里还有心思和精力再去争夺什么霸权！在这种形势之下，越王勾践自然当仁不让，粉墨登场，要"旧桃换新符"，神气活现地站到"国际"舞台的中心位置，雄心勃勃地为天下诸侯立规矩了。

于是乎，他就趁着成功灭吴的兵威，驱使越国的铁甲雄师蜂拥北上。"勾践已平吴，乃以兵北渡淮，与齐、晋诸侯会于徐州，致贡于周。周元王使人赐勾践胙，命为伯。勾践已去，渡淮南，以淮上地与楚，归吴所侵宋地于宋，与鲁泗东方百里。"（《史记·越王勾践世家》）真是气盖山河，睥睨天下，唯我独尊，不可一世！

其实，勾践的野心要大得多，他已不甘心于当个传统的霸主，循规蹈矩，只做个为周天子所任命的诸侯之"伯"，他真实的内心动机，是企冀能够"百尺竿头，更进一步"，直接成为一个"王"。传世有春秋后期越国的一口钟，其铭文为："惟越十有九年王曰"，论者或谓钟之铭文"王"，即越王勾践。可见，这时候的勾践的确是顾盼自雄，踌躇满志，而傲然以"王"自居了，用晁福林教授的话说，这多少显示出在勾践的身上，已经有了"战国七雄"的某些影子了①。

---

① 晁福林.霸权迭兴：春秋霸主论.北京：三联书店，1991：277.

为了碾压众诸侯国，加强对中原核心区域的控制，勾践还将越国都城由会稽迁徙到琅邪（今山东临沂东南），"琅邪，山名也。越王勾践之故国也。勾践并吴，欲霸中国，徙都琅邪"（《水经注·潍水》）。可见越王勾践迁徙越国都城的目的，完全是为了称霸于诸侯。"当是时，越兵横行于江、淮东，诸侯毕贺，号称霸王。"（《史记·越王勾践世家》）此时此刻的越王勾践，对自己所建立的巍巍功业，可谓是自命不凡、踌躇满志："吾自禹之后，承元常之德，蒙天灵之佑、神祇之福，从穷越之地，籍楚之前锋以摧吴王之干戈，跨江涉淮，从晋、齐之地，功德巍巍，自致于斯，其可不诚乎！"（《吴越春秋·勾践伐吴外传》）这是春秋时期最后一个叱咤风云的"霸主"。是年为公元前473年。

但是，无论是在此之前的吴楚战争，还是这场血腥的吴越死嗑，其规模也许依旧壮观，但其影响却已经远不及当年晋、楚争霸的势头了，它们已不过是春秋大国争霸战争的回波余澜，也是先秦战争的基本宗旨由"争霸"向"兼并"转型的一种过渡。越国登上"霸主"宝座七年之后（公元前465年），在位长达32年、一辈子都在和对手较劲的越王勾践终于一命呜呼，到九泉之下与夫差继续切磋去了。不过，他临死前的头脑还算是比较清醒的，已在为自己开创的越国霸权能否为其后代所继承和巩固而忧心忡忡、焦虑恐惧了："夫霸者之后难以久立，其慎之哉！"（《吴越春

秋・勾践伐吴外传》）

勾践殁后，其子鹿郢继立。五年之后，鹿郢寿终正寝，其子不寿接过权柄。不寿五年（周宣王十六年，前453年），晋国的韩、赵、魏三大家族联起手来，打赢了轰轰烈烈的晋阳之战，一举击灭智伯瑶，"三家分晋"的局面随之形成。至此，云诡波谲、风云变幻的春秋时期降下了帷幕，历史进入更为动荡、更为恐怖的战国时代，而与之相适应的是，战争也迈入了新的发展阶段！

尾声 总将新桃换旧符：晋阳之战的象征意义

　　爆发于公元前455年的晋阳攻守战，是春秋战国之际，晋国内部四个强卿大族智、赵、韩、魏之间为争夺统治权益、兼并对手而进行的一场战争。是役前后历时两年左右，以赵、韩、魏三家联合携手，共同攻灭智伯氏，瓜分其土地而告终。它对中国历史的发展具有较大的影响，因为在这场战争之后，逐渐形成了"三家分晋"的历史新局面，历史学家多将此事看作是揭开战国历史帷幕的重要标志。

　　"年年岁岁花相似，岁岁年年人不同"，伴随着金戈铁马、鼙鼓旌旗，历史顺乎逻辑地翻到了春秋战国之交这一页，同时，战争也以不可阻挡的气势迈上了新的台阶。站在今天的制高点上，观望春秋末年的社会大势，我们可以看到，向戌弭兵标志着春秋时期大国争霸战争已经渐趋沉寂、接近尾声，各诸侯国内部的倾轧和厮杀开始上升为当时社会的主要矛盾，其社会政治生活的主流乃是诸侯国中卿大夫强宗大族的崛起与国君公室的衰微，当时各个大国的诸侯们，都让延续不断、旷日持久的争霸战争折腾得筋疲力尽、叫苦不迭，捉襟见肘，疲于奔命。这样一来，就给其国内那些野心勃勃的卿大夫提供了篡权夺位的天赐良机。他们纷纷行动起来，或侵吞公室的财产，或分割国君的兵权，或用小恩小惠笼络民众，收买人心，长年累月下来，终于形成气候、尾大不掉了。西周时期"礼乐征伐自天子出"这一政治格局，在春秋前中期一变而为"礼乐征伐自诸侯出"，这个时候就再度变化，而成为"自大夫出"了。

春秋末年，晋国政治生态出现了晋君权力被剥夺，强卿大宗主宰国内政治的局面。公元前458年，范氏、中行氏在残酷血腥的内乱中遭受灭顶之灾，此前，曾权倾一时的栾氏、郤氏也先后覆灭，智、赵、韩、魏把持国政。但"四卿"同样不能和平相处，很快又出现激烈的冲突，这样便点燃了晋阳之战的导火索。

"四卿"之中，以智伯瑶一族的实力最为雄厚，智伯遂利令智昏，忘乎所以，向韩、赵、魏三家索取土地，韩、魏两家被迫献地，但赵襄子却断然拒绝了智伯的要求。智伯怒火中烧，便于周贞定王十四年（前455年）调集军队攻打赵氏，并胁迫魏、韩两氏出兵协同作战。赵襄子采纳谋臣张孟谈的建议，起兵抗击智伯的进攻，制定了依托坚城固守、持久抗敌、伺机反攻的防御方针，选择民心向赵、墙高池深、粮草充足的晋阳（今山西太原西南）进行固守。

攻守双方在晋阳城下相持一年有余，战争其实进入了僵持不下的局面，这时，急于求成的智伯沉不住气了，决定引导晋水（汾水）灌淹晋阳城。在冷兵器时代，水攻就像火攻一样，也是一种重要的特殊战法，《孙子兵法·火攻篇》就有"水可以绝，不可以夺"的论述。智伯的水攻，一开始还是颇有威力的，它使得晋阳城浸泡在洪水之中，形势十分危急，但是守城军民斗志旺盛，殊死抵抗，硬是将智伯联军阻挡在危城之外。

在战事最激烈的时候，赵襄子的智囊张孟谈潜出城外，秘密会见韩康子和魏桓子，以唇亡齿寒的道理打动他们，劝说他们暗中倒戈，确定了三家联合进攻智氏的方针。一切就绪后，赵襄子在韩、魏两氏的配合策应下，派遣精兵实施偷袭，放水倒灌智伯军大营，智伯军在突袭面前惊慌失措，乱成一团。赵军主力乘势从晋阳城中正面出击，韩、魏两军则从侧翼发起夹攻，大破智伯军，擒杀智伯瑶，尽灭智氏宗族，瓜分其土地，为日后"三家分晋"奠定了坚实的基础①。

在晋阳攻守战中，赵襄子做到了指挥若定。他善于利用民

---

① 黄朴民.先秦喋血.北京：华夏出版社，1996：97-99.

心，激发士气，充分准备，"先为不可胜，以待敌之可胜"（《孙子兵法·形篇》），挫败了智伯围攻孤城、速战速决的作战企图；当智伯以水灌淹城池，守城作战进入最艰巨的阶段时，赵襄子及守城军民又临危不惧，誓死抵抗，并采纳谋士张孟谈的建议，利用韩、魏两家与智伯瑶之间的深刻矛盾，加以争取，瓦解智伯的统一战线，使其陷于彻底的孤立，为日后的决战创造了有利的态势。当"伐谋""伐交"顺利得手后，赵襄子又能及时制定正确的破敌之策，以其人之道还治其人之身，用大水倒灌智伯的营垒，予敌以出其不意的打击。在初战告捷的形势下，赵襄子牢牢地把握战机，一鼓作气，迅速全面出击，摧枯拉朽，横扫千军，取得了聚歼敌人的彻底胜利。

而智伯的失败，在很大程度上也是他咎由自取。他恃强凌弱，一味迷信武力，丧失民心，在政治上陷入了被动；他四面出击，到处树敌，在外交上陷入了孤立；在作战过程中，他违背"兵贵胜而不贵久"的原则，长年屯兵于坚城之下，白白损耗了实力；他也昧于对自己"同盟者"动向的了解和掌握，以至于为敌手所乘。当对方用水攻转而对付自己之时，又惊慌失措，计无所出，未能做到随机应变，组织起积极有效的抵御，终于一败涂地，真可谓是"败兵先战而后求胜"的一个范例。其身死族灭，为天下笑，应该说是并非偶然。

晋阳之战的总体规模虽然不大，但意义却相当突出。它的最大特色，就是标志着春秋时期以争霸为主流的战争的终结，战国时代以兼并为本质的战争的到来。

春秋战国之交，随着旧的生产关系大厦的倾覆，土地占有权也相对分散。有土地就有人口，有人口就有赋税，就能组建军队，也就意味着拥有了财富和权力。因此，对土地和人口资源的争夺和控制，也就合乎逻辑地成为当时战争活动的根本宗旨。在这方面，晋阳之战具有开创性和代表性的意义。它以智氏向韩、魏、赵勒索土地而开始，又以三家瓜分智氏土地而告终；智伯胁迫韩、魏与己联合攻赵，是用三分赵地为诱饵；而赵襄子策动韩、魏倒戈，也是以瓜分智伯土地为条件。

由此可见，对土地的争夺如同一条红线，贯穿于这场战争的始终。这一兼并战争的属性，是与以往争夺霸主名分和地位的春秋争霸战争迥异其趣的。春秋战争和战国战争的最大区别就是，春秋战争的宗旨或主题是争霸，彼此之间争名分，争当"龙头老大"；而战国战争的主题则是兼并，到了后期，又水到渠成、瓜熟蒂落地演变为"统一"。争霸战争的主要战略目标，是自己争当老大，其他诸侯国，必须唯我马首是瞻。只要你承认我的霸主地位，顺从于我，听命于我，接受我对你的驱使，那么，我也让你活下去，所谓"贰而执之，服而舍之。德莫厚焉，刑莫威焉"

（《左传·僖公十五年》），"叛而不讨，何以示威；服而不柔，何以示怀"（《左传·文公七年》）。总之，争霸，是争名分，立秩序。而这种名分则是通过召开诸侯盟会来确定的，即所谓"执牛耳者"。另外，春秋时期结盟之盛，也与该时期距离上古未远，政治中残留有大量巫史神祝传统的孑遗有一定关系。具体地说，盟誓的形式起源甚早，是一种在鬼神观念的影响下，人与人、集团与集团、政权与政权之间互相取信的方式，即所谓"约信曰誓，莅牲为盟"（《礼记·曲礼下》）。尤其是"盟"，实际上包含了一系列与立约相关的歃血和祈求神明见证的仪式。而政治盟会及其所形成的誓约，带有一个普遍的共性："各种怀有不同政治动机的势力，以盟与约为手段，达成妥协与合作。"①这一点，恰好符合并能服务于春秋争霸这个核心宗旨。

　　缘是之故，春秋时代的战争，除了铁血厮杀的残酷一面外，还存在着比较多的以迫使敌方屈服为宗旨的温和一面。但是，兼并战争的情况就完全不同了。战国时期的战争之所以残酷，就是因为转变为了兼并的性质，我现在无所谓名分与否，不需要再图什么虚名，当什么领头羊了，而是要追求实实在在的利益，要彻底兼并你的土地、完全吞噬你的人口，最后通过兼并逐渐走向统

---

① 郑立跃. 中国古代政治盟约从盟主体制下到帝国体制下的变迁. 北京师范大学博士学位论文，2008：1.

一。这种战争的性质是让对方再也活不下去，这样一来，对方为了保证社稷的存在，自然要作殊死的抵抗，战争于是变得日益激烈，日益残酷，伏尸百里，血流成河，"入其国家边境，芟刈其禾稼，斩其树木，堕其城郭，以湮其沟池，攘夺其牲牷，燔溃其祖庙，到杀其万民，覆其老弱，迁其重器"（《墨子·非攻下》）。孟子说"争地以战，杀人盈野；争城以战，杀人盈城"（《孟子·离娄章句上》），说的就是这种特点，故西汉刘向在其《战国策书录》中曾强调指出："泯然道德绝矣……贪饕无耻，竞进无厌，国异政教，各自制断。上无天子，下无方伯。力功争强，胜者为右。兵革不休，诈伪并起。"①

战争的手段是由战争的目的所决定的。兼并战争的激烈和残酷程度要远远超过以往的争霸战争。这一点在晋阳之战中同样表现得十分明显：智伯决晋水灌淹城池，长围晋阳两年，必欲置赵氏势力于死地而后快；同样，赵、韩、魏击败智伯瑶军以后，也

---

① 笔者按：关于春秋与战国社会文化风尚之差异、政治运作方式之不同，顾炎武曾有过概括的总结与揭示，《日知录》卷十三"周末风俗"条云："如春秋时，犹尊礼重信，而七国则绝不言礼与信矣。春秋时，犹宗周王，而七国则绝不言王矣。春秋时，犹严祭祀，重聘享，而七国则无其事矣。春秋时，犹论宗姓氏族，而七国则无一言及之矣。春秋时，犹宴会赋诗，而七国则不闻矣。春秋时，犹有赴告策书，而七国则无有矣。"很显然，春秋与战国之间存在着历史嬗递上的巨大畛域，这也是我们今天考察春秋的外交结盟与争霸作战时必须留意的历史大背景。

是擒杀智伯，尽诛其族，瓜分其地。这里已丝毫见不到邲之战、鄢陵之战中那种彬彬有礼的旧"军礼"遗风，战场上曾经有过的"君子不重伤，不禽二毛""不鼓不成列""战不逐奔，诛不填服"的贵族高尚风度，早已被弃之如敝屣了，而只有无所不用其极的酷烈，只有惨绝人寰的血腥，这正是兼并战争条件下的必然结果。

所以，无论是从战争的目的看，还是从战争的手段看，晋阳之战都具有里程碑式的地位，它标志着战争历史行将掀开崭新的一页，春秋大国角逐与争霸，随着吴、越战争的落幕而走入了历史，而战国时代兼并战争开始全面上演了。

图书在版编目（CIP）数据

春秋后期霸权兴衰大起底 / 黄朴民著. --北京：
中国人民大学出版社，2022.9
（中华历史小丛书）
ISBN 978-7-300-30947-7

Ⅰ.①春… Ⅱ.①黄… Ⅲ.①中国历史-研究-春秋
时代 Ⅳ.①K225.07

中国版本图书馆 CIP 数据核字（2022）第 156788 号

中华历史小丛书
春秋后期霸权兴衰大起底
黄朴民 著
Chunqiu Houqi Baquan Xingshuai Da Qidi

出版发行	中国人民大学出版社			
社 址	北京中关村大街 31 号		**邮政编码** 100080	
电 话	010-62511242（总编室）		010-62511770（质管部）	
	010-82501766（邮购部）		010-62514148（门市部）	
	010-62515195（发行公司）		010-62515275（盗版举报）	
网 址	http：//www.crup.com.cn			
经 销	新华书店			
印 刷	涿州市星河印刷有限公司			
规 格	148mm×210mm　32 开本		**版 次**	2022 年 9 月第 1 版
印 张	6.625 插页 4		**印 次**	2022 年 9 月第 1 次印刷
字 数	117 000		**定 价**	49.00 元